AF308091

Titelbild: Ehepaar in Harran (tour-turkey.com)

guenther hermann klein

Das Leben Abrahams

Das Alte Testament

Die Deutsche Bibliothek CIP –
Einheitsaufnahme

Impressum:

Herstellung und Verlag:

BoD – Books on Demand, Norderstedt

Satz und Gestaltung: LaTeX 2ε

Alle Textrechte: © 2024 guenther h. klein

ISBN: 978-3-7597-3126-5

INHALTSVERZEICHNIS

VORWORT

Die Urgeschichte ist vorbei, die Vatergeschichte beginnt. Einer der ersten Väter bekam den Namen »Abraham«. Von ihm und seinem Leben soll in diesem Buch die Rede sein. Abraham wird in der Bibel und im AT erwähnt. Im NT nennt Jesus Abraham im Zusammenhang mit dem »reichen Mann und dem armen Lazarus.« Es wird in Matthäus 1,1 der Stammbaum Jesu auf Abraham bezogen.

Was kann man zum Leben Abrahams sagen? Zunächst soll er aus dem Tempelbezirk Ur stammen. Das ist aber keine Wohnstätte für einfache Bürger, es sei denn, die Vorfahren Abrahams seien Priester der Mondgöttin gewesen. Wenn wir die Stelle aus dem Buch Genesis 24,7 lesen, spricht Abraham von Harran als

»Haus seines Vaters.«

Die Sippe wollte nach Kanaan ziehen (Vers 31), zog aber hinauf nach Harran (bibl Haran). Dort hat Abraham lange Zeit gewohnt. Erst nach dem Tod seines Vaters Terach konnte er ins Land Kanaan reisen (Apg 7,4). Nach einer geschilderten Hungersnot zog er hinab nach Ägypten (Gen 12,10). Bei allen Wanderungen kamen mehr als 3000 Km zusammen. Dass Abraham zum Stammvater der Juden wurde, ist das Ergebnis jüdischer Gelehrter. Sie hatten bei allen Episoden ihre Hände im Spiel. Schließlich war Abraham des Schreibens unkundig. Es haben solche geschrieben, die des Schreibens kundig waren. Nach der biblischen Zeittafel lebte Abraham vor 2.000 v.Chr. Das ist aus mehreren Gründen unwahrscheinlich. Eine kurzgefasste Aufstellung:

- Nach Kap 12,8 soll Abraham sein Zelt so aufbauen, dass der Eingang nach Bethel und die Rückwand nach Ai zeigt. Bet-El heißt übersetzt: »Haus Gottes«. Das ist erst bei seinem Enkel Jakob entstanden (Genesis 28,19) . Die Ortschaft Ai wurde durch Josua zerstört (Josua 8,28).

- »Die Ehrfurcht der Juden vor dem Wort Gottes hat dazu geführt, dass es keine einzig bekannte Gesamthandschrift des hebräischen Alten Testaments gibt, die älter ist als 1000 Jahre«.[DR]
- Die älteste Handschrift ist das Papyrus Nash, das um 150 v.Chr. entstand. Das Nash ist ein aus Ägypten stammendes Papyrusblatt. Es gibt weitere Handschriften, die aus dem ägyptischen Elephantine stammen.
- Nach Genesis 11,26 war Terach war 70 Jahre alt, als er Abraham zeugte. Danach lebte Terach noch 205 Jahre. Also war Abraham 135 Jahre alt. Als Abraham den Boden Kanaans betrat, wird sein Alter mit 75 Jahre angegeben.

Es gibt keine biblische Handschrift, die älter ist als 1.000 Jahre. Die jüdischen Archäologen Israel Finkelstein und Neil Asher Silberman haben zu Abraham keine Inschriften, keine Stele noch Texte gefunden, die Abraham zweifelsfrei belegen würden. Also hat Abraham literarische Existenz? Ein Gelehrter, der lange Zeit

die Szene bestimmte, war Julius Wellhausen
(1844-1918). Er sah die Person Abraham als eine Projektion späterer Epochen. Er bezog sich
auf die Zeit des babylonischen Exils. Er nannte das 5.Buch Mose (Deuteronommium) eine
Priesterschrift.

Eine Frage stellt sich daher: Wer hat die Person Abraham erfunden und wer hat die biblischen Texte geschrieben? Es dürften jüdische
Gelehrte, Rabbinen und Schriftkundige gewesen sein, die der Person Abraham schriftliche
Gestalt gegeben haben. Der Grund war unver-
gebende Schuld. Hochgestellte jüdische Gelehrte wurden durch Nebukadnezar nach Babel
weggeführt. Sie fragten sich, warum hat Jha-
we ihnen das angetan? Man versammelte sich
in Lehrhäusern, an deren Spitze stand der «
Exilarch«. Er war Ideengeber und Chefredak-
teur in einer Person. Er bestimmte, was geschrieben wurde und hatte das sagen. Er be-
anspruchte für sich davidische Abstammung.
Solche Gelehrtenschulen gab es am Euphrat,
in Nehardea, Sura und Pumbedita.[Sch] Der
Hohe Rat (Sanhedrin), der während des babylonischen Exils und am Aufbau des zweiten

Tempels beteiligt war, gehörte zur Elite der Gelehrten. Dazu wären die Personen Esra und Nehemia zu nennen. Beim Schreiben dieses Buches wurde ein Buch mit dem Titel »Gott sprach zu Abraham« herangezogen. Der erste Vers lautet: »Das Alte Testament sei das Werk eines Jahrtausends gewesen. Es ist kein Buch, das auf einem Schreibtisch entstanden wäre.« Das zeigt aber auch, dass das bekannt war. Also wurde vom Schreibtisch aus geschrieben. Das Judentum war während der Diaspora bekannt für viel Geldpolitik, Zinsgeschäft und Münzprägungen. Ich biete ein besonderen Leckerbissen an, der zwar alt ist, aber neu schmeckt.

DER ERZVATER

DIE Erzählung Abrahams beginnt mit dem 11. Kapitel und dem 26. Vers des Buchs Genesis. Die Geschichte endet mit dem 32. Kapitel. Dazwischen eingeschachtelt ist das 24.Kapitel, das von der Geburt Isaaks erzählt. Dieser Einschub ist erforderlich gemacht zu werden, damit die Zahlen des Volks Israel Gestalt bekommt. Hingegen hat die Geburt des erstgeborenen Sohnes Ismael nicht die Bedeutung, die später Isaak bekam. Die Geschichte Abrahams wird nicht fortlaufend erzählt, sondern erhält einige Einschübe, damit das Leben Abrahams positiv erzählt wird.

Der biblische Bericht stellt Abraham in den Vordergrund. Das ist Absicht und neu in der biblischen Erzählung. Es gab vorher keine Person, über die so detailliert berichtet sorden ist wie über Abraham. Im 10. Kapitel wird die Völkertafel vorgestellt. Ab Vers 6 werden die drei Söhne Noahs genannt. Nach der Flut kamen Sem, Ham und Jafet zur Welt. Sem ist der älteste Sohn. Seine Nachkommen wurden erst am Schluss des Abschnitts genannt. Die Liste beginnt mit dem jüngsten Sohn und endet mit dem ältesten. Das ist Absicht, schließlich soll Abraham von Sem abstammen.

- **Die Söhne Jafets sind:** Gomer, Magog, Madai, Jawan, Tubal, Meschech und Tiras.

- **Die Söhne Hams sind:** Kusch, Ägypten, Put und Kanaan.

- **Die Söhne Sems sind:** Elam, Assur, Arpachschad, Lud und Aram.

In dieser Völkertafel ist von der Sippe Abrahams noch keine Rede. Das ändert sich mit dem Kapitel 11, 10 bis zum 32 Vers. Hier wird Abraham in die Ahnentafel eingeführt.

Der zweite biblische Bericht trägt die Überschrift:

Die Vorfahren Abrahams:

Die jüdischen Gelehrten hatten das Ziel, die Vorfahren auf Abraham zu beziehen. Ausgangspunkt der Erzählung ist wieder Sem. Als er 100 Jahre alt war, zeugte er zwei Jahre nach der Flut Arpachschad. Nach seiner Geburt lebte er noch 500 Jahre. Sem lebte insgesamt 600 Jahre. Mit dem 403. Lebensjahr zeugte Sem Söhne und Töchter. Eber war 34 Jahre alt, als er Peleg zeugte. Peleg war 30 Jahre alt, als er Regu bekam. Dieser zeugte mit 32 Jahren Serug. Mit 30 Jahren bekam Nahor zur Welt. Nahor war 29 Jahre, als er Terach zeugte. Nahor lebte noch 119 Jahre. Mit dem 70. Jahr zeugte er Terach, Abraham und Haran.

Es werden zwei Personen mit Namen Nahor genannt. Der erste ist Abrahams Großvater, der zweite sein Bruder. Dieser zweite Nahor war der Vater Lots. Nahor soll bereits in Ur gestorben sein. Bei so vielen Personen zeigt eine Tabelle Näheres.

Addiert man die Posten 1-8 zusammen, ergibt das die Summe von 290 Jahren. Addiert man das Lebensalter Abrahams mit 175 Jahre

Sem überlebte Abraham um 35 Jahre		
Sem	zeugte mit	100 Jahren Arpachschad
Sem	überlebte	Arpachschad 500 Jahre
1 Arpachschad	zeugte mit	35 Jahren Schelach
2 Schelach	zeugte mit	30 Jahren Eber
3 Eber	zeugte mit	34 Jahren Peleg
4 Peleg	zeugte mit	30 Jahren Regu
5 Regu	zeugte mit	32 Jahren Serug
6 Serug	zeugte mit	30 Jahren Nahor
7 Nahor	zeugte mit	29 Jahren Terach
8 Terach	zeugte mit	70 Jahren Abraham
Summe:		290 Jahre
Abraham	starb mit	175 Jahren
Ergebnis:		465 Jahre

Tabelle 11.1. Vorfahren Abrahams

noch hinzu, summiert sich das Ganze zu 465 Jahren. Da aber Sem Arpachschad um genau 500 Jahre überlebt hat, ergibt sich die Differenz von 35 Jahren. Sem also hat Abraham um runde 35 Jahre überlebt. Die Zahlen ergeben sich rein rechnerisch. Dass die Summe aus Terachs Leben 205 Jahre betragen hat, zeigt auf die Zahl Sieben hin (Gen 11,26). Das ist ein Beispiel von der Zahlensymbolik. Denken wir auch an die Sieben-Tage-Woche oder die sieben Farben des

Regenbogens. Man kann ein Papier nur sieben-
mal falten. Die Tonleiter (Heptatonik) ergibt
die Zahl sieben.[Wik]

Der Hohe Rat der Juden (Sanhedrin) hat bei
Abraham alle Hände voll im Spiel. Diese Per-
sonengruppe hatte zur Verhältnis Sem – Abraham eine Chronologie im Sinn. Die Verheißungen, die Abraham betreffen, sowie die Größe
des Landes, spielen eine weitere Rolle. Man
wollte das Land Kanaan für Israel passend machen.

Terach nahm seinen Sohn Abraham Lot und
seine spätere Frau Sarah, sie zogen von Ur und
wollten nach Kanaan kommen, sie zogen hinauf nach Harran. Als sie dort ankamen, blieben
sie dort wohnen. Warum aber wurde vorhin
Kanaan erwähnt? Sollen spätere Ereignisse keine Überraschung bieten?

Terach starb im Alter von 205 Jahren. Wenn
die Stadt Ur der Ausgangspunkt war, ist die
Strecke nach Jerusalem genauso weit wie von
Ur nach Harran. Die Ortschaft (Stadt) Harran
liegt nahe dem Quellgebiet des Euphrat.

• Ham und Jafet

Vom zweiten Sohn Noahs Ham oder von den Chamiten wird dagegen wenig gesprochen. Es wird beschrieben, wie Ham die Blöße seines Vater sah, als er betrunken im Zelt lag. Die beiden Brüder deckten die Nacktheit ihres Vaters zu, nachdem sie sich überzeugt hatten, dass die Zudecke richtig lag. Ham gilt als der Urvater Kanaans. Das Land wurde später in Israel umbenannt.

Jafets Leben ist mehrdeutig. Nach Gen 9,27 wohnte die Sippe Jafets in den Zelten Sems. Der jüngste Bruder sucht beim beim ältesten Bruder Unterschlupf. In Gen 10,4 werden die Dodaniter erwähnt. Nach 1. Chronik 1,7 wurden daraus die Rodaniter. Das sind die Bewohner von Rhodos. Das ist eine griechische Insel, woraus, aus jüdischer Sicht, »Heiden« wurden (Gen 10,5).

- **Terach:**

Als Terach 70 Jahre alt war (Genesis 11,26), zeugte er Abraham, Nahor und Haran. Als Terach mit 205 Jahren in Harran starb, Das machte die Differenz 135 Jahre aus (205-70=135. Da aber das Lebensalter Abrahams nach (Genesis

12,4) mit 75 Jahren angeben wird, ergibt das eine zeitliche Unstimmigkeit von etwa 60 Jahren. Auch das ist ein rechnerischer Wert. In Genesis 22, 20-24 wird die Verwandtschaft Abrahams auf die Stadt Harran bezogen. Die ehemalige historische Stadt Ur wird mit keinem Wort mehr erwähnt. Vom historischen Umfeld Ur und Harran wird nichts Besonderes erzählt.

- **Harran:**

Im jüdischen Tanach, dessen Überlieferung im Christentum das Alte Testament bildet, erscheint Haran als der Ort, an dem sich die Familie des Terach niederlässt, nachdem sie aus Ur ausgewandert war (Gen 11,31 EU). Terach stirbt in Harran im Alter von 205 Jahren (Gen 11,32). Von dort zieht der Erzvater Abraham weiter nach Kanaan (Gen 12,4 EU) mitsamt allem, was er und seine Familie in Harran erworben haben (Gen 12,5), nachdem ihm Gott in Harran versprochen hat, ihn in ein reiches Land zu führen. Abrahams Enkel Jakob flüchtet vor seinem Zwillingsbruder Esau nach Haran (Gen 27,43–44 EU und Gen 28,10 EU; Gen 29,4) Dort findet ein Jakobskissen und die

Jakobsleiter.

Daneben taucht Harran in einer Liste auf, die von Sanherib eingenommenen wurde. Hierzu zählen Städte und Gebiete. (2 Kön 19,8-12). Im Klagelied über Tyros wird Haran als Handelspartner erwähnt (Ez 27... EU).

DiePerson Harran, ein Bruder Abrahams, soll seinen Namen bereits in Ur erhalten haben, obwohl das eben an die Stadt erinnert.[Wik]

Die Ortschaft Harran, die in der Bibel Haran heißt, bedeutet auf assyrisch Harranju, wörtlich übersetzt,»Wegscheide« oder »Hauptstraße«. Auf diesen bekannten Wegen soll Abraham mit seinen Leuten unterwegs gewesen sein. Zur Zeit Abrahams war Harran aramäisch. Heute ist es eine vorwiegend kurdische Stadt. Sie liegt in der heutigen Türkei. Kurden nennen »Harran den Ort Abrahams«. Das war erst nach dem biblischen Bericht möglich. Es wurde aramäisch gesprochen. Es kann aber auch die kaukasische Sprache mit ihren zahlreichen Dialekten gewesen sein. Überhaupt ist Sprache ein Thema, das sich heute nicht mehr eruieren lässt. Es gibt im Alten Orient folgende Sprachen: Arabisch, Ägyptisch (koptisch), Hebräisch, Aramäisch.

● **Die Ortschaft Ur:**

Ur, der heutige Tell el-Muqejjir, ist eine der ältesten sumerischen Stadtgründungen und altes Zentrum in Mesopotamien (Zweistromland, das im heutigen Irak liegt). Ein Zikkurat ist dem Mondgote Nanna geweiht und gehört zu ihren wichtigsten Bauwerken. Die Anfänge der Stadt reichen bis ca. 4000 v. Chr. zurück. Sie ist heute eine bedeutende archäologische Ausgrabungsstätte. Die Stadt liegt in der Nähe der heutigen Stadt Nasiriya. Nach der Überlieferung des Alten Testaments stammt der Patriarch Abraham aus Ur (Gen 11,28.31 EU). Die archäologischen Stätten von Ur zählen, zusammen mit denen von Uruk und Eridu und Marschlandgebieten im Südirak, zum UNESCO-Welterbe.

Durch diverse Ausgrabungen ist es möglich, ein recht gutes Bild vom Aussehen der Stadt zu gewinnen, die einst am Meer lag und ein wichtiger Hafen war. Im Norden der Stadt befindet sich der Bezirk des Mondgottes Nanna, der der Hauptgott der Stadt war. Hier steht die Zikkurat, die von Ur-Nammu um 2200 v. Chr. erbaut worden ist. Die sog. Standarte von Ur fand sich in einem der Königsgräber dieser Stadt.

Um das Zikkurat herum befinden sich einige weitere bedeutende Bauwerke. Der Echursanga genannte Palast datiert in die 3. Dynastie von Ur und ist der Königspalast von Ur-Nammu und Šulgi. Das Egipar ist ein weiteres Heiligtum. Es war der Ningal geweiht und datiert auch in die 3. Dynastie von Ur.

Etwa 200 m südlich dem Zikkurat konnten die ältesten größeren Strukturen von Ur ausgegraben werden. Es handelt sich um die Königsgräber von Ur, die um 2600–2500 v. Chr. datieren und Teil eines ca. 2000 Gräber umfassenden Friedhofs waren. Einige der königlichen Grabanlagen fanden sich unberaubt und enthielten reiche Beigaben. Ganz in der Nähe dieses Friedhofes fand man auch die monumentalen Grabanlagen der Könige der 3. Dynastie von Ur. Im Süden der Stadt konnte ein großer Teil der Wohnstadt aus dieser Zeit ergraben werden. Die Häuser waren meist eher klein und hatten einen Innenhof. Es gibt mehrere Gassen, wobei es kaum Anzeichen einer Stadtplanung gibt. Nach der 3. Dynastie von Ur verlor die Stadt an Bedeutung.

In der Kassitenzeit (im 14. vorchristlichen Jahrhundert) wurde das Nannaheiligtum renoviert. In der Zeit der Assyrerherrschaft fanden weitere Renovierungsarbeiten statt. Eine letzte kleine Blüte erlebte die Stadt in neubabylonischer Zeit. Der Nanna-Bezirk wurde stark erweitert und erhielt eine mächtige Mauer. Im Norden der Stadt wurde ein großer Palast für Belschaltinanna, eine Tochter von König Nabonid, errichtet.[Wik]

- **Orakel:**

Als die Sippe Terachs nach Harran kam, dürfte von **einem** Gott noch keine Rede sein. Hier wurden der Mondgott Sin (oder Nanna), die Götter der Fruchtbarkeit, angebetet. Es gab zudem verschiedene Sprüche, Lehren und Talismane. Das chaldäische Orakel steht stellvertretend dafür. Im Allgemeinen beruht es auf Gott und dem Vater. Gott gilt als der Intellekt, der sich der Sinneswelt entzogen hat. Die menschliche Seele hat in diesem Intellekt ihren Ursprung. Als Körper sucht sie Gott, um so eine geistige Verbindung einzugehen. Wenn die Verbindung zustande gekommen ist, kann sie sich von irdischer Gebundenheit lösen und dem göttlichen Licht zustreben. Der Aufstieg zu Gott ermöglicht die Losgelöstheit von jeder körperlichen Gebundenheit und findet in Gott Erlösung und Ruhe. Auch Talismane waren bekannt und man erhoffte sich von ihnen persönliche Bewahrung vor Unglück. Der Mondgott war für Wahrsagerei und Totenbeschwörung zuständig. Erinnert euch an das goldene Kalb (Ex 32,1-6)). Man wollte schon immer die Zukunft schauen und deuten.

In Griechenland war das Orakel von Delphi bekannt. Der Kult in Delphi, das bis zum 5. Jahrhundert v. Chr. Pytho hieß, galt laut mythologischem Bericht zunächst der Erdgöttin Gaia und erst später dem Apollon, genauer dem Apollon Pythios. Der genaue Zeitpunkt der Übernahme des Heiligtums durch Apollon ist nicht mehr feststellbar, doch bereits bei Homer wird von einem Apollonkult in Delphi gesprochen. Funde zeigen einen Aufstieg des Heiligtums ab dem 8. Jahrhundert v. Chr.[Wik]

Auf die kultische Verehrung der Gaia ist es möglicherweise zurückzuführen, dass Apollon nicht durch einen Priester, sondern durch die Pythia sprach. Diese saß auf einem Dreifuß über einer Erdspalte. Der Überlieferung nach stiegen aus dieser Erdspalte Dämpfe, die die Pythia in einen Trancezustand versetzten. Das Ende des Delphischen Orakels kam durch den christlichen Kaiser Theodosius I., der 391 n. Chr. alle Orakelstätten durch ein Edikt aufhob.[Wik]

KAPITEL 12

ABRAHAMS BERUFUNG

DAS 12. Kapitel besteht aus zwei Abschnitten. Der erste heißt: »Abrahams Berufung und Wanderung nach Kanaan.« Der zweite Abschnitt trägt die Überschrift: »Abraham und Sarah in Ägypten«. Die Wanderung von Ur nach der Siedlung Harran wird rund 800 Kilometer betragen haben. Von dort nach Kanaan zum Orakelum »Hain Mamre« dürfte die gleiche Entfernung haben. Es wäre noch die Wanderung nach Ägypten zu nennen, die wird rund 800 Kilometer betragen haben. Je nachdem in welchen Palast der Pharao wohnte, zeigt das örtliche Ungenauigkeiten. Das Leben Abraham wird als ruhelos beschrieben. Heimisch ist er nie geworden. Der HERR sprach zu Abraham: »Zieh weg von deiner Verwandtschaft und deines Vaterhauses und gehe in das Land, das ich dir zeigen werde.«

Das war das Land, das bereits in Kapitel 11, 31 erwähnt wurde. Abraham hatte erst nach dem Tod seiner Eltern die Ortschaft Harran verlassen können. Das wird in Apostelgeschichte in Kapitel 7,4 gesagt:

»Da zog er aus dem Land der Chaldäer fort und ließ sich in Haran nieder. Von dort ließ Gott ihn nach dem Tod seines Vaters in dieses Land übersiedeln, in dem ihr jetzt wohnt.«

Den Satz sollte man zweimal lesen. Abraham konnte vom Land Kanaan nichts wissen. Daher ist die Begebenheit später geschrieben worden.[1] Als er dann nach Kanaan zog, soll er reich gesegnet werden. Ja, die ganze Welt soll durch Abraham Segen erlangen. Wer sich gegen ihn stellt, den soll der göttliche Fluch treffen. Abraham zog von Harran und mit ihm Sarah und Lot. Sie zogen mit ihrer ganzen Habe, die sie Harran erworben hatten, nach Kanaan.

---

[1]Sir Leohard Wooley spricht von Ur in Chaldäa.[Wik] Wikipedia schreibt weiter: Chaldäa geht auf den Gott Chaldi zurück.

Dabei waren auch Knechte und Mägde. Abraham wird über Zelte verfügt haben. Bei Wanderungen wird man ein Dach über den Kopf haben wollen. In Ägypten bekam er wieder Knechte und Mägde. Im Kapitel 20,14 erlangte er vom König Abimelech mehrere Knechte und Mägde, Rinder, Ziegen und Schafe. Genaue Zahlen werden nicht mitgeteilt. Nur sein Lebensalter wird mit 75 Jahren angegeben. Das zur Zeit, als er den Boden Kanaans betrat. Das ist eine symbolische Zahl; denn mit seinem 100. Lebensalter wird sein Sohn Isaak geboren. Abraham starb mit dem 175. Lebensjahr. Hier liegt ein 25-Jahres-Rhythmus vor.

Im Kapitel 11,26 wird der Stammbaum Abrahams aufgeführt:

- Terach war 70 Jahre alt, als er Abraham, Nahor und Haran zeugte.
- Terach starb mit 205 Jahren in Harran.
- Abraham konnte erst nach dem Tod seines Vaters Harran verlassen, damit war er rund 135 Jahre alt. Auch wenn man 100 Jahre annimmt, so passen die 75. Lebensjahre kaum ins Bild. Beachten wir folgende Tabelle von der Zahlen-

symbolik:

Abraham	175 Jahre	= 7x(5x5)
Isaak	180 Jahre	= 5x(6x6)
Jakob	147 Jahre	= 3x(7x7)

Tabelle 12.1. Die Lebensalter der Erzväter[Läp81]

Kaum ist Abraham in Kanaan angekommen, legt er in Sichem den ersten Zwischenstopp ein. Von Harran ausgehend zog Abraham nach Sichem bis zur Orakeleiche. (Terebinthe Mores (Lehrer), auch Zaubereiche genannt (Richter 9,37).

Abgrenzung gegen die Nachbarn Israels

Im Buch »Jesus Sirach« steht in 50,25-26 Jesus Sirach folgender Text: »Zwei Völker verabscheue ich und das dritte ist kein Volk: Die Bewohner von Seïr und vom Philisterland und das törichte Volk, das in Sichem wohnt.«

Als der HERR Abraham in Sichem erschien und ihm das Land Kanaan zu sagte, baute er umgehend einen Altar. Der Altar wird aus Steinen oder aus gestampfter Erde gebaut worden sein. Was Abraham betete, wird nicht gesagt. Man hätte eine Lichtquelle, Weihrauch oder andere Mittel erwarten können. Kaum angekommen, wanderte Abraham nach Bet-El (Haus Gottes) weiter. Der Ort hieß früher Lus (Gen 28,19). Der Ort liegt südlich von Sichem; sein Enkel Jakob hatte dort ein Steinmal errichtet. Er hat darüber Öl gegossen. So wurde aus Jakob Israel (Genesis 32,29). Woher das Öl kam, wird nicht gesagt.

Abraham richtete den Eingang des Zelt nach Bet-El (im Westen) und und die Rückwand nach Ai (Trümmerhaufen, Josua 8,28) aus. Nach dem Bibellexikon[RM] fiel Ai einer Naturkatastrophe zum Opfer. Als Josua gegen Ai zog, soll es bereit nicht mehr bestanden haben. Die Einnahme und die Zerstörung Ai's wird bei Josua beschrieben. Es wurden Steine gesammelt und daraus wurde der Altar. Nachdem er den Namen des Herrn angerufen hatte, zog er dem Südland zu. Die Erzählungen Abrahams sind keine Reiseberichte im üblichen Sinn. Der zügige Einzug ins Land Kanaan ist das eigentliche Vorhaben, das Land für Israel zu beanspruchen. Abraham erscheint dazu als Mittel zum Zweck.

• Sichem:

Der Ort »Sichem«, auch »Sechem« oder »Shechem« geheißen. Der Name bedeutet Bergrücken oder Schulterpaar. Überreste wurden in der heutigen palästinensischen Stadt Nablus gefunden. Dieser Ort wird in der Bibel mehrmals erwähnt. In den Amarna-Briefen[2] heißt der Ort Schakmi.

Die Bezeichnungen »Bergrücken« und »Altar« stehen im Einklang. Man errichtete auf Berghöhen Altäre und meinte so Gott näher zu kommen. In einer Einsiedelei sucht man innerere Einkehr.

• Bet-El und Ai:

Der Name Bet-El heißt heute Betin. Das übersetzt ist »Haus Gottes«. Jakob, Abrahams Enkel, errichtete dort ein Steinmal. Nachts im Traum erschien ihm eine Leiter, auf die er emporstieg. Sie soll bis in den Himmel reichen,

---

[2]Bei den sogenannten Amarna-Briefen handelt es sich um umfangreiche Tontafelfunde in Keilschrift: Sie wurden im Palastarchiv des Pharao Echnaton in seiner Residenz Achet-Aton, dem heutigen Tell El Amarna, in Ägypten, gefunden. Einige Briefe stellen Bitten um mehr Gold dar.

was auch immer das heißt. Der Ort hieß vor dem Lus (Gen 28,19) Der Ort Ai, dessen Übersetzung »Der Trümmerhaufen« heißt auch die »Ruine«. Die Namensgebung ist im Buch Josua 8,28 nachzulesen. Dort heißt es: »Dann brannte Josua Ai nieder und machte es für immer zu einem Trümmerhaufen und zu einem öden Platz; das ist geblieben bis zum heutigen Tag.«

• Negev

Der Negev heißt wörtlich übersetzt: »Das Trockengebiet«. Bekannte Städte sind Beerscheba[3], Mizpé Ramon, Paran[4], Petra[5] und ganz im Süden die Stadt Elat. Der Negev wird im Zusammenhang mit Abraham und seinem Sohn Isaak angeführt. Abraham verbrachte seinen Lebensabend in Beerscheba. Selbst Isaak lebte im Negeb. Die Nordgrenze des Negev bildete das Königreich Gaza. Dort residierte der König Abimelech. Abraham besuchte ihn und bot ihm die alternde Sarah als Techtelmechtel an.

• Die Kanaaniter:

---

[3]»Brunnen der Sieben«, auch »Brunnen des Schwurs« genannt.
[4]Wüste Paran ist Zufluchtsort von Hagar und Ismael
[5]Die antike Hauptstadt der Nabatäer

Die Kanaaniter stammen von ihrem Stammvater Kanaan ab (Gen 9,24-25): Als Noah aus seinem Rausch erwachte und erfuhr, was ihm durch seinen zweiten Sohn widerfahren war, sagte er: »Verflucht sei Kanaan.« Von Kanaan werden weitere Söhne genannt. Das ist in der Bibel in Genesis 10,6 ff nachzulesen. Die Kanaaniter sind die vorisraelischen Bewohner Palästinas. Als kanaanitische Stämme sind die Jebusiter, Hiwiter, Amoriter, Girgaschiter u.a.m. Das Buch Josua kennt im Kapitel 13 weitere kanaanitische Stämme. Die Religion der Kanaaniter soll ein Fruchtbarkeitskult gewesen sein. Als herrschender Gott wird Baal, was »Herr« heißt, und zwar Herr von Heiligen Quellen, Bäumen, Tieren, Steinen und schließlich auch des Himmels. Neben Baal wird die Göttin Astarte in Form von Kultpfählen und Altären, Aschera verehrt. Die Kanaaniter opferten Menschen und Tiere auf Höhen. Die alttestamentliche Elite Israels bezeichnete diese Praxis als Götzendienst. vgl. 1.Könige 12,26-33 und Hurerei und in Richter 2,13: »Als sie (die Juden) den Herrn verließen und dem Baal und den Astarten dienten [...]« Abraham wollte dort seinen

Sohn opfern.

● **Der Altar:**

Der Altar ist keine biblische Einrichtung; er gehört zum Gemeingut vieler Naturvölker. Er ist ein heiliger Ort, indem man Einkehr und Ruhe finden will.[6] Der beschriebene Altar steht auf einer Höhe und befindet sich in einem Waldstück bzw. in einem Hain. Als Opfergut dienten kultisch reine Tiere. Der erste Mensch, der einen Altar baute, war Noah. Es heißt in Gen 8,20: »Dann baute Noah dem Herrn einen Altar, nahm von allen reinen Tieren und von allen reinen Vögeln und brachte auf dem Altar Brandopfer dar.«

Der erste Alter, den Abraham baute, war in Sichem (Gen 12,7), der zweite in Beth-El (Gen 12,8), der dritte in Hebron (Gen 13,18) und der vierte im Land Morija (Gen 22,9). (Nach 1.Chronik 6,42 hießen Sichem und Hebron Zuflucht- oder Asylstädte.)

● Zum Orakelum Hain Mamre gibt es verschie-

---

[6]Jos 24,26: »Josua schrieb all diese Worte in das Buch des Gesetzes Gottes und er nahm einen großen Stein und stellte ihn in Sichem unter der Eiche auf, die im Heiligtum des Herrn steht.«

dene Namen. Das Orakeln wurde zu allen Zeiten ausgeübt.

LÜ:	Eichen More
Elberfelder:	Terebinthe More
NGÜ:	Terbebinte Mores
N.Herz:	Eiche des Weisers
L.Zunz:	Terebinthen-Hain Moreh
Bibellexikon:	Terebinthenhain des Lehrers
Richter 9,37:	Zaubereiche (LÜ)

Tabelle 12.2. Verschiedene Namen für das Orakel

Terebinthe (*Pistacia terebinthus*). Kleiner Baum mit 5 Meter Höhe, der im Mittelmeerrau vorkommt. Luther übersetzt den Baum mit »Eiche«.[RM]

Abraham und Sarah in Ägypten

Der zweite Abschnitt umfasst zehn Verse. Es wird die Reise von Abraham, Sarah und Lot nach Ägypten beschrieben. Anlass der Reise war eine geschilderte Hungernot in dem Land, in dem er kurz wohnte. Abraham konnte Vieh haben, da die Hungersnot nicht ihn betraf, vielleichtb sein Vieh. Die dürren Gräser dfürften längst abgefressen sein. Es gab in Kanaan mehrere Stämme, die Vieherden besaßen. Es werden die Völker der Keniter, der Kenasiter, der Kadmoniter, der Hetiter, Perisiter, der Rafaïter, der Amoriter, der Kanaaniter, der Girgaschiter, der Hiwiter und der Jebusiter (Genesis 15,19-21) erwähnt. Warum aber er nicht in das Zweistromland, nach Mespotamien reiste, die als fruchtbare Länder reiste, steht dahin.

Als Abraham Ägypten von Ferne sah, soll er vom Reichtum dieses Landes gehört haben. Es heißt im Vers 10, »um dort zu bleiben.« Wie lange er dort geblieben ist, wird nicht gesagt. Da Abraham iterarische Existenz hat, wird man keine reale Zeiten, Orte und Ziele annehmen können. Die Sprache, die Abraham verwendete, um sich mit den Ägyptern zu verständigen, darüber wird nichts gesagt. In Genesis 11 wird der Turmbau zu Babel erwähnt, dort sollen Sprachen verwirrt sein. So wurden die Sprachen Völker nicht mehr verstanden. Der Turmbau ist nicht vergleichbar mit den Zelten der Nomaden. Das sind zwei verschiedene Welten.

Welche Stadt oder Bezirk gemeint ist, wird

nicht gesagt. Sind es Pyramiden von Gizeh? Wo residierte der Pharao? In Alexandria? Es geht vorrangig nicht um Hungersnot, uch nicht umm eine andre Reise, sondern um Abraham. Er bittet seine Frau, sich als seine Schwester auszugeben. Sie hatte trotz Falten und Viehgeruch offenbar trotzdem Anklang gefunden. Über das Alter der beiden Eheleute zum Zeitpunkt der Reise nach Ägypten, kann man nur Vermutungen anstellen. Als Abraham den Boden Kanaans betrat, wird sein Alter mit 75 Jahren angegeben. Sarah war 10 Jahre jünger (Kap 17,17), damit war sie rund 65 Jahre alt.

Die gerade Strecke zwischen Kairo und Theben misst 600 km. Von dieser Örtlichkeit hatten die Schriftgelehrten wenig oder kaum Kentnisse.

Die Wachleute liefen zum Pharao und priesen die Schönheit Sarahs. War sie ver- oder unverschleiert? Ob der Chef der Wachleute so einfach zu seinem Herrscher gehen konnte, kann als unwahrscheinlich gelten. Der Herrscher ließ Sarah holen und führte sie in seinen Harem ein. Der ägyptische Herrscher war möglicherweise

Abbildung 12.1. Theben und Luxor

selbst im hohen Alter, um Gefallen an der Oma zu haben. Es kam zu einem gewissen Zusammensein mit gravierenden Folgen.

Der ägyptische Herrscher behandelte Abraham gut wegen Sarah. Der Erzvater bekam Rinder, Ziegen, Schafe, Kamele und einige Esel. Es werden sogar Knechte und Mägde genannt. Es zeigte sich: Abraham zu einigem materiellen Reichtum. Er verlässt Ägypten (mit Sarah und Lot) als reicher Mann. Von der Hungersnot ist keine Reder mehr.

Mit Vers 17 tritt eine Wende im Geschehen ein. Als der Pharao mit Sarah Geschlechtsverkehr hatte, (Vers 19) kam es zu Plagen. Der Herrscher bekam die Krätze, Diarrhö und Syphilis in einem Augenblick. Der Herrscher lag krank zu Bette. Mit matter Stimme ließ er Abraham holen und fragte ihn: »Warum hast du verschwiegen, dass Sarah deine Frau sei.« Er forderte aber die Geschenke nicht zurück, was man hätte erwarten können.

Es geht aber nicht darum, Sarah als schön und begehrenswert zu schildern, sondern vielmehr soll Ägypten Schaden erleiden. Als Israel 430 Jahre lang Sklaven im Land des Pharao weilte, (Quersumme Sieben, ohne Null) soll die Rache doppelt und dreifach groß ausfallen. Als Sklaven mussten sie 7-Tage die Woche von Morgens früh bis Abends spät arbeiten. Als Mose auf dem Berg Horeb die Steintafeln empfing, kam es zum Sabbat und somit als Ruhetag. Das wird später als strenge Auslegung des Wochentags beschrieben. Zum Schluss des Kapitels haben die Knechte des Pharaos Abraham, Sarah und Lot das Geleit gegeben. Warum haben jüdische Gelehrte diese und andere Episoden ins Leben gerufen? Sollten alle Länder ringsum Schaden erleiden?

Historische Infos:

• Der Begriff Pharao geht auf das ägyptische Wort »Per aa« (»großes Haus«) zurück, was ursprünglich weder ein Herrschertitel noch ein Eigenname ist, sondern die Bezeichnung für den königlichen Hof oder Palast.[Wik] Der König Ägyptens, namentlich der Pharao Merenptah[7] (1224-1204 v. Chr.) war der erste Monarch, der den Namen Israel (Ysrjr) erwähnt. Auch in der folgenden Inschrift ist von Israel die Rede:

Es stehen noch weitere Worte auf der Stele. Hierzu ein paar kurze Gedanken: »[...] Die Häuptlinge werfen sich nieder und rufen šalem [...] Tjehenu[8] ist erobert. Hatti (Hetither) ist be-

---

[7]Ba-en-re Mer-jetjern; Geliebter der Götter, die Seele des Re. Merenptah war der dritte Sohn von Ramses II.
[8]Tjehenu ist die altägyptische Bezeichnung für eine nordlibysche Region.

friedigt. Kanaan ist mit allem Übel erbeutet. Askalon ist herbeigeführt. Gezer ist gepackt. Januammu[9] ist zunichte gemacht. Israel (Ysrjr) ist verwüstet und hat kein Saatgut mehr. Alle Länder sind insgesamt in Frieden.«[Wik]

Es gibt weitere Aussagen zum Pharao Merenptah. Sein Großvater war Sethos, sein Vater Ramses II. Der Totentempel des Merenptah hieß auch das »Millionenjahrhaus«. Damit wird gesagt, er starb nicht einfach, sondern er ging zum Horizont und lebte dort eine Million Jahre. Seine Vorqual.

Es heißt: «Die ägyptischen Wachmannschaften waren für die Verteilung einiger Stammesfürsten zuständig. Es heißt: Wir sind damit fertig geworden, die Schasustämme von Edom durch die Grenzfestung Sukkot des Pharao Merenptah passieren zu lassen bis zu den Teichen des Pithom des in Tkw, um sie und ihr Vieh auf der großen Besitzung des Pharao, der guten Sonne eines jeden Landes, am Leben zu erhalten.»

- »Die Söhne Hams sind Kusch. (Das ehe-

---

[9]Akkadische Form eines westsemtischen Ortsnamens.

malige Reich Kusch gehörte früher zu Äthiopien.[Wik], Ägypten, Put und Kanaan«, heißt es in Genesis 10,6. Die Abstammung von Ham dürfte der Grund gewesen sein, dass ihre Stämme im Land Kanaan zu Schaden kamen, sofern man reale Ereignisse annimmt.

KAPITEL 13

ABRAHAM UND LOT

Das 13. Kapitel beschreibt die Rückkehr Abrahams und Lots aus Ägypten. Das vorliegende Kapitel umfasst 18 Verse und ist in zwei Abschnitte unterteilt. Im ersten Abschnitt geht es um das Verhältnis der beiden Männer. Im zweiten Teil werden Verheißungen an Abraham erneuert. In diesem Kapitel handelt es sich wieder um Wanderungen. Auch soll Hab und Gut neu verteilt werden. Anlass des Streits sind die feindlichen Viehhirten.

Die Verse 1-13:

Bei der Rückkehr zog man zunächst über den Negev (einen anderen Weg gibt es nicht) bis hinauf nach Bet-El. Die Stadt hieß früher Lus (Gen 28,19). Dort hatte Abraham den zweiten

Altar gebaut. Die erste Person, die den Namen des Herrn anrief, war Enosch (Gen 4,26). »Auch dem Set wurde ein Sohn geboren und er nannte ihn Enosch (Mensch). Damals begann man den Namen des Herrn anzurufen.« Cogito ergo sum: Also rief auch Abraham den Namen des Herrn an.

Im Buch Exodus 20,22-26 wird ein alttestamentlicher Altar beschrieben. Es gibt Altäre aus Erde und Steine. Es soll aber keine von Menschenhand behauene Steine geben. Man soll auch nicht auf Stufen hinaufschreiten, damit man die Blöße nicht sehe konnte. Unterhosen gab es nicht. Unter dem heutigen Altar versteht man verschieden geformte Tische, auf denen Kerzen stehen und darauf steht eine aufgeschlagenen Bibel.

Der Besitz von Abraham und Lot kommt zur Sprache. Bei Abraham spricht man von Vieh, Gold und Silber. Die Aufzählung von Edelmetallen ist neu. Bei den Aufzählungen fehlen allerdings Knechte und Mägde, die er ja in Ägypten bekommen haben soll. Bei Lot wird weniger genannt. Bei ihm werden nur Schafe,

Rinder und Zelte aufgeführt. Es dürfte als unwahrscheinlich gelten, dass die Ägypter noch in Zelten wohnten. In dem Moment, indem der Mensch sesshaft wird, baute er sich ein festes Zuhause.

Dann heißt es, das Land sei zu klein für ihre beiden Viehherden. Zusätzlich zu dem Vieh werden noch andere Wanderhirten angeführt. Es werden Perisiter und Kanaaniter erwähnt. (Josua 11,3) Es kommt zum Streit zwischen den beiden Hirten. Es heißt: »Wir sind Brüder, lass uns nicht streiten. Trenne dich von mir. Gehst du zur Linken, gehe ich zur Rechten. Es kommt zur Entscheidung: «Gehst du zur rechten Seite, gehe ich zur Linken« (Vers 9).

Abrahams Worte hören sich generös an: Er ließ Lot freie Wahl. Wie entscheidet er sich? Er wählte die fruchtbare Jordangegend: Er baute seine Zelte bis nach Zoar hin auf (Südspitze des Toten Meeres). Von Sichem bis nach Zoar werden es ungefähr 50 Km gewesen sein. Abraham ließ sich in Kanaan nieder. Gemeint ist das kanaanitische Bergland.

Der letzte Vers des Abschnitts (Vers 9 heißt:

»Die Leute von Sodom sündigten schwer gegen den HERRN.« Offenbar wohnten dort lauter derbe Sünder. Die Frage, warum Abraham Lot nicht gewarnt hat, als er nach Sodom zog, kann nicht beantwortet werden, weil das stattfindende Geschehen noch nicht in Reichweite lag. Lag das Ereignis vor oder gehörte es nicht zur Realität. Jedenfalls: mit Abraham geht es aufwärts, mit Lot abwärts.

Gottes Verheißungen an Abraham

Verse 14-18:

Nachdem sich die beiden Personen getrennt hatten, erwähnen die Gelehrten den Ewigen: »Schau auf, Abraham, das Land, das du siehst, will ich dir und deinen Nachkommen für immer geben.« Abraham blickte nach Norden, nach Süden, nach Osten und Westen, soweit das Auge reichte – so zahlreich wie der Staub auf der Erde sollen seine Nachkommen sein. Wer den Staub zählen kann, der wird seine Nachkommen zählen können. Allerdings waren seine Nachkommen nicht so zahlreich wie angegeben sein: Es reichen gerade mal 10 Finger der beiden Hände, um seine Nachkommen zu zählen. Soll sich die Erzählung auf das heutige Israel beziehen?

Die Herren der Lehrhäuser saßen im babylonischen Exil und formulierten: «Mach dich jetzt auf und durchziehe das Land nach seiner Länge und Breite!»' Abraham durchzog nicht das Land, sondern baute seine Zelte bei den Terebinthen Mamre auf. Dort errichtete Abraham einen Altar. Damit endet das 13.Kapitel.

ABRAHAM UND MELCHISEDEK

DER biblische Text wird mit dem 14. Kapitel fortgesetzt. Es hat wieder zwei Abschnitte. Im ersten rettet Abraham seinen Enkel Lot aus einer Konfliktsituation. Im zweiten Teil wird Abraham vom kanaanitische Priester mit Namen Melchisedek gesegnet. Die Beschreibung, König von Salem, hört sich recht geheimnisvoll an. Die jüdischen Gelehrten hatten aus Jerusalem Salem gemacht. Man wollte der Stadt »Jerusalem« (Jeruschalajim) einen alten historischen Anstrich geben. Die Altstadt ist in das jüdische, christliche, armenische und muslimische Viertel gegliedert und ist von einer Mauer umgeben.

Im ersten Abschnitt werden antike Herrscher

beschrieben. Die geheimnisvollen Herrscher haben das Zweistromland und Palästina für sich beansprucht. Als Anlass werden ausgebliebene Tributzahlungen angegeben. So kam es zu kriegerischen Auseinandersetzungen. Abraham verfügte über eine ausgebildete Mannschaft von 318 Mann, die in seinem Haus geboren wurden (Kap 14,14). Das Kapitel wird äußerlich durch die Anwesenheit Abrahams gebildet. Er ist der eigentliche Held der Erzählungen. Als er schließlich zurückkehrt, kommt ihm der kanaanitische Priester mit Namen Melchisedek entgegen, der ihn segnete. Dafür erhielt er den besten Teil von der gewonnen Beute. Melchisedek wird die Königswürde zuteil. Das Kapitel umfasst 24 Verse, von den zunächst neun näher betrachtet werden sollen.

Verse 1-9:

Die folgende Liste umfasst Könige und ihre Königreiche. Was als Königreiche bezeichnet wird, außer Kedor Laomer, können Stammesälteste gewesen sein. Die hohen jüdischen Autoritäten lebten während des babylonischen Exils und wussten, wovon sie sprachen, denn der

Herrschertitel »König« war ihnen bekannt.

Amrafel, König von Schinar
Arjoch, König von Ellasar
Kedor–Laomer, König v. Elam
Tidal, König der Völker

Bela, König von Zoar
Bera, König von Sodom
Birscha, König von Gomorra
Schinab, König von Adma
Schemeber, König v. Zebojim

Tabelle 14.1. Die beiden gegenüberliegenden Gruppen

Könige der linken Gruppe: (Das angreifende Heer.)

Der König von Schinar gilt als geheimnisvoller Herrscher. Nicht sein Name ist einer näheren Betrachtung wert, sondern das Land Schinar, das wird in Genesis 10,10 erwähnt. Dort ist auch von Nimrod die Rede.

Gen 10,10:

»Kerngebiet seines Reiches war Babel, Erech, Akkad und Kalne im Land Schinar.« Nimrod war ein Enkel von Ham.

Das Land Schinar steht im Kontext zum Turmbau zu Babel.**Gen 11,1-4:**

»Alle Menschen hatten die gleiche Sprache und

gebrauchten die gleichen Wörter. Als sie von Osten aufbrachen, fanden sie eine Ebene im Land Schinar und siedelten sich dort an. Sie sagten zueinander: Auf, formen wir Lehmziegel und brennen wir sie zu Backsteinen. So dienten ihnen gebrannte Ziegel als Steine und Erdpech als Mörtel. Dann sagten sie: Auf, bauen wir uns eine Stadt und einen Turm mit einer Spitze bis zum Himmel und machen wir uns einen Namen, so werden sie uns über die ganze Erde zerstreuen.«

Solch ein gewaltiger Bau steht im Konflikt zu den Zelten Israels. Denn wer hoch baute, geriet mit dem Gott Israels in Konflikt. Es gab bereits verschiedene Sprachen, damit kann die Sprachwirrung nicht durch Hochbauten noch durch Zelte verursacht worden sein.

• **Der König Arjoch:**

Ein weiterer König ist Arjoch. Von ihm ist in der Geschichte nichts zu finden. Selbst das Land Elassar gibt es nur in dieser Erzählung. Es gibt in der Bibel zwei Hinweise. Im Buch Judit 1,6 steht folgender Text.

Judit 1,6:

»Arphaxad schlossen sich alle Bewohner des Berglandes an sowie alle, die am Euphrat und Tigris, am Hydaspes und im Flachland des Elamiterkönigs Arjoch wohnten; es waren viele Völker, die zum

Aufgebot der Söhne Chelëuds zusammenströmten.«

Der König Arjoch ist im Buch Judit ein Elamiterkönig. Im Buch Daniel trägt Arjoch den Namen eines Scharfrichters. Offenbar sind solche Namen bekannt.

• Der König Kedor-Laomer:

Die vier Könige, die die Allianz der angreifenden Kriegsscharen bildeten, werden durch den geheimnisvollen Kedor-Laomer angeführt. Er ist der eigentliche Feldherr, während die anderen Könige mehr als Erfüllungsgehilfen gelten.

Der König Kedor-Laomer stammt aus dem Land Elam. Das Volk wohnte in den heutigen Gebieten Irans und Afghanistans. Sie lieferten sich kriegerische Auseinandersetzungen mit den Ländern Mesopotamiens. Elam bzw. die Elamiter werden mehrmals in der Bibel erwähnt. Elam gilt als ein Sohn Sems.

Genesis 10,22:

»Die Söhne Sems sind Elam, Assur, Arpachschad, Lud und Aram.«

Aufschlussreich ist eine weitere Bibelstelle. Im Buch Jeremia heißt es in Kap 49,34-36:

Jeremia 49,34-36

»Das Wort des Herrn gegen Elam, das zu Beginn der Regierung Zidkijas, des Königs von Juda, an den Propheten Jeremia erging. So spricht der Herr der Heere: Seht, ich zerbreche den Bogen Elams, seine stärkste Waffe. Ich bringe über Elam vier Winde von den vier Enden des Himmels. In alle diese Winde zerstreue ich sie, sodass es kein Volk gibt, zu dem nicht Versprengte aus Elam kommen. Ich jage den Elamitern Schrecken ein vor ihren Feinden, vor allen, die ihnen nach dem Leben trachten. Unheil lasse ich über sie kommen, meinen glühenden Zorn – Spruch des Herrn. Ich schicke das Schwert hinter ihnen her, bis ich sie vernichtet habe. Ich stelle meinen Thron in Elam auf und vernichte dort König und Fürsten – Spruch des Herrn. Aber in ferner Zukunft wende ich Elams Geschick – Spruch des Herrn.«

• **Der König Tidal:**

Der Herrscher wird der König der Völker genannt. Ein König dieses Namens ist unbekannt. Es wird auch nichts über seine Völker gesagt. Vorstellbar ist, dass es sich um ein Heer von Söldnern, Freiwilligen, und ehemaligen Strafgefangenen handeln könnte. Das Bibellexikon[RM] spricht von heidnischen Heeren, die an der Seite Kedor-Laomers ins Feld zogen. Den Namen Tidal bringt das »Lexikon der Bibel«[Ger] mit einem Hethiterkönig Tudhalijas in Verbindung. Allerdings ist die

Blütezeit der Hethiter längst vorbei. Die Episoden um Abraham dürften um 600 - 550 v.Chr. verfasst worden sein. Es war die Zeit des babylonischen Exils. Die Juden waren heimatlos und ehrlos. Es musste ein Stammvater gebildet werden, auf den sie sich berufen konnten.

Könige der rechten Gruppe: Das verteidigende Heer. Die fünf Könige der zweiten Gruppe, kommen vorwiegend aus der Gegend um das Tote Meer. Dort befindet sich auch das Tal Siddim, das jetzt »Salzmeer« heißt. Der Ort Zoar, der in Vers 3 angegeben wird, hieß früher »Bela« und gehört auch zu den Stämmen rund um das Tote Meer.

• Die Könige Bela, Bera und Birscha:

Bela war König des gleichnamigen Ortes. Der Ort wurde in später in Zoar umbenannt. Die ehemalige Ortschaft liegt an der Südspitze des Toten Meeres. Ein gleichnamiger König findet sich in Genesis 36,32 :

Genesis 36,32:

»In Edom regierte Bela, der Sohn Beors; seine Stadt hieß Dinhaba.«

Im Buch der Chronik wird noch einmal darauf Bezug genommen.

1.Chr 1,43:

»Die Könige, die in Edom regierten, bevor über die Israeliten ein König regierte, waren folgende: Bela, der Sohn Beors; seine Stadt hieß Dinhaba.«

Zu den Königen Bera und Birscha lässt sich nicht viel sagen. Sie werden in der Gegend um das Toten Meer ihr Gebiet gehabt haben. Dort könnten sie Stammesführer gewesen sein. Der Name Birscha hat die Bedeutung von »stark, dicht«. Die sogenannten Könige hatten nicht viel Volks hinter sich. Mussten aber Könige genannt werden, um Eindruck zu machen.

• Der König Schinab:

Der Stammesführer heißt: **Schin ist sein Vater.** Schinab ist der König von Adma. Im Buch Deuteronomium (5.Mose) heißt es in Vers 22:

»Schwefel und Salz bedecken es; seine Fläche ist eine einzige Brandstätte; es kann nicht besät werden und lässt nichts aufkeimen; kein Hälmchen kann wachsen; alles ist wie nach der Zerstörung von Sodom und Gomorra, Adma und Zebojim, die der Herr in seinem glühenden Zorn zerstört hat.«

• Der König Schemeber:

Der König von Zebojim, den Kedorlaomer und seine Verbündeten in der Tiefebene Siddim besiegten (Gen 14,1-11). Wenn man das Wort Schemeber in zwei Silben auflöst, ergibt sich daraus Schem-

Eber. »Schem« heißt soviel wie Ruf, Ansehen, Prestige und »Eber« gilt als Ahnherr verschiedener semitischer Stämme (Gen 10,21-25).

12 Jahre lang zahlten die Volksführer Tribut, im 13. Jahr wurden sie ausgesetzt. Dann nahmen die angreifenden Könige Aufstellung und rückten vor.

Im Vers 10 werden die Könige von Sodom und Gomorra angeführt. Sie hatten keinen Kampfeswillen, fielen bei ihrer Flucht in ihre eigenen Asphaltgruben. Sie werden rabenschwarz ausgesehen haben. Wer aber zog sie heraus, da sie später eine kleine Nebenrolle inne hatten. Die anderen Könige vom Toten Meer flohen ins Gebirge.

Kedor-Laomer und seine Verbündeten hatten vorher die Landschaften um Achterot-Karnajim, die Susiter in Ham, die Emiter in der Ebene von Kirjatajim und weitere Völker militärisch besiegt. Das Heer um Kedor-Laomer schreitet gegen die fünf Könige. Kedor-Laomer, eine Art antiker Napoleon, war der unumschränkte Herrscher der mesopotamischen Landschaften. Wer sich ihm entgegenstellte, hatte mit Konsequenzen zu rechnen. Diese Heere konnten nach Gutdünken schalten und walten, wie sie wollten. Da die Könige von Sodom und Gomorra außer Gefecht waren, hatte Lot keinen Schutz mehr. Er war dem angreifenden Heer hilflos ausgeliefert. Sie nahmen ohne Mühe seinen Besitz mit

(Genesis 14,12).

Dann wendet sich das Blatt, denn Abraham betritt die Szene. Ein Entflohener kommt und erzählt dem Stammvater, was vorgefallen ist. Er spricht Abraham mit dem Wort »Hebräer« an. Diese Nennung wird das erste Mal in der Bibel erwähnt. In der jüdischen Übersetzung heißt diese Gruppe »ibri«. Abraham kann auch mit »Eber« (Gen 10,24) oder mit » Heber« übersetzt werden. (Gen 46,17)[1]

Im Vers 13 werden diese Menschengruppe »Hebräer« genannt.

Abraham ist die erste Person im AT, die so bezeichnet wurde. Zur Namensgebung gibt es drei unterschiedliche Meinungen. Die erste Aussage besteht in der Namensverwandtschaft »Heber« (Gen 10,21) oder »Eber«(1.Chr 1,18). Die zweite Bibelstelle besteht in der Aussage: »Die den Euphrat überschritten haben.« Unser Wissen über die Hebräer ist daher dürftig. Im AT werden die Hebräer *ibri* genannt. Die dritte Aussage lautet: Hebräer ist ein Gattungsname. In Jeremia 34,9.14 heißt es: Ës sollte jeder seine hebräischen Sklaven und seine hebräische Sklavin freilassen und keiner sollte mehr seinen hebräischen Stammesbruder als Sklaven halten."

---

[1]Num 26,45: »Vom Stamm Heber stammen die Heberiter.« ab.

Die Frau Potifars nennt Josef Hebräer (Gen 39,14). Das konnte ihr aber nicht von selbst eingefallen sein. Hier haben Übersetzer das Wort geführt.

Die beiden israelitischen Historiker und Autoren Israel Finkelstein und Neil Asher Silberman[FS02] bringen eine weiteres Volk, Habiri genannt, ins Gespräch. Es kann sich um eine gleichklingende Umlautung handeln. Aus Habiri kann auch Habiru werden. Sie werden in den »Tel el-Amarna« Texten als Desperados geschildert. Sie überfielen Siedlungen, um sich zu bereichern. Darum sind sie stets flüchtig, niemals sesshaft geworden. Solche Leute ziehen von einem Ort zum anderen. Diese Personen waren zugleich ruhe- und ruchlos.

Nachdem die Kunde von der Gefangennahme Lots bekannt geworden war, sortieren sich die Gegenkräfte. Zu diesen gehören die drei Brüder, Aner, Eschkol und Mamre. Sie sind ein Volk der Amoriter, die ein Stamm der Kanaaniter sind. Es heißt, sie waren Abrahams Bundesgenossen. So kam zur Bündelung der Gegenkräfte. Der Name »Eschkol« wird in 4.Mose (Numeri) 13,23;24;32,9 als Traubental bezeichnet.

Wie viele Kriegsmänner, die drei Brüder zum Kriegszug beigetragen haben, wird nicht beziffert. Mit »Mamre« ist die gleichnamige Orakelstätte gemeint. Bei Ausgrabungen hat man einen 65 x 50

Meter großen Bezirk aufgedeckt, der einen Brunnen, einen Baum und einen Altar umschloss. An dieser Stätte konnte das ehemalige Orakelum »Mamre« gestanden haben. Hinzu kommen noch die Kriegsmänner von Sodom und Gomarra. Auch die drei Brüder haben sich mit Männern am Kampf beteiligt. Das geht aus dem Vers 24 hervor.

Abraham erhält wieder die Hauptrolle in der Erzählung. Er verfügte über eine stattlich ausgebildete Mannschaft von 318 (Gen 14,14) Soldaten. »Sie waren in seinem Haus geboren«, heißt es. Die Zahl lässt aufhorchen. Sie wird nur hier genannt. Was wird es mit diesen Männer auf sich haben? Man hätte der Einfachheit halber von 300 Kriegsmänner sprechen können. Addiert man die einzelnen Posten zusammen, ergibt das die Zahl 12. Damit sind die 12 Stämme Israels und Juda gemeint.

Wir können zu den biblischen Zahlen nicht die Bedeutung beimessen, die die Juden damit haben. Sie haben zu Zahlen eine andere und tiefere Bedeutung. Die hebräische Buchstaben sind auch Zahlen. Es gibt »Nachzähler« oder »Nachrechner«. Man spricht von »Sopherim«. Der »Sopher«, das sind Schriftkundige oder Schriftgelehrte (Mebin). Das System, auch die »Masora«, wurde in Gelehrtenschulen geschaffen und angewendet. Das zeigt einmal mehr die Verbindung von Buchstaben und Zahlen.

Die Befreiungsarmee sammelt sich und macht sich auf den Weg. Man hatte die Zuversicht, den Krieg mit Kedor-Laomer und seine Verbündeten zu gewinnen. Es wird aus Abraham andere Geschicke nichts werden. Als es Nacht war, teilten sich die Parteien mit Abraham in zwei Gruppen. Die eine Abteilung verfolgte die feindlichen Heere bis nach Hoba. Der Ort dürfte eher Zoba geheißen haben. Die Stadt liegt nördlich von Damaskus. Die andere Gruppe verfolgt Kedor-Laomer und seine Vasallen bis nach Dan. Der Ort liegt gerade um die Ecke.

Dan ist eine Person und gleichzeitig eine Ortschaft und ist zugleich Name des jüdischen Stammes. Dazu gibt es einen interessanten Einblick. Der Enkel Abrahams, Jakob, hat mit Bilha, seiner Magd, einen Sohn gezeugt, den Rahel, Jakobs Lieblingsfrau, Dan nannte (Genesis 30,6). In den Lehrhäusern wurden verschiedene Visionen heraus gebildet. Der Ort »Dan« liegt südlich von Damaskus. Die Entfernung von Dan bis nach Zoba beträgt runde 100 km. Das zeigt, welche weiten Wege man beschritt. Welche Waffen man trug, über welchen Proviant man verfügte, all das wird nicht gesagt. Über Kedor Laomer und seine Verbündeten wird nichts mehr gesagt. Ob sie umgekommen sind oder sich neu formiert haben, all das bleibt ungesagt.

Das heutige Damaskus hieß zu Zeiten des Alten Orients Aram-Damaskus. Die Aramäer sind aus der syrischen Wüste und gekommen und haben sich nach Süden und Norden ausgebreitet. Die Stadt Damaskus wird nach den Inschriften des Pharao Thutmosis III. (1490–1436 v. Chr.) erstmals erwähnt. Die Namensgebung könnte sich um 1400 v. Chr. zugetragen haben. Die Hauptstadt des heutigen Syriens wird auch die »Perle des Orients« genannt. Die Stadt kann auf eine 6000 Jahre Geschichte zurückblicken. Die Stadt ist auch bekannt für den damaszenischen Stahl. Dieser hat zwei hervorragende Eigenschaften: Eine gute Härte bei gleichzeitiger guter Elastizität. Heute kann man nur noch Imitate kaufen. Noch ein weiteres Material ist mit dem Namen Damaskus verbunden: Es ist der Damaststoff (damast = dimašq). Damaskus ist die islamische Stadt, in der die wenigsten Frauen voll verschleiert auf öffentlichen Straßen gehen. Die Stadt hat wegen ihrer Kultur einen hohen Stellenwert. Übrigens, der Stoff »Musselin« kommt aus der Stadt Mossul. Von Europa und Amerika ist noch keine Rede. Es gab blühende Landschaften zwischen Euphrat und Tigris. Heute hat der Islam mit seinen verschiedenen Ausprägungen nicht mehr die Bedeutung, die die Orte einst hatten.

Aramäer sprechen bekanntlich aramäisch. Hierzu ein Beispiel aus der Bibel: Die hohen jüdischen Persönlichkeiten konnten sich mit der aramäischen Sprache mit den Herren aus Damaskus verständigen. Da der einfache Mensch die aramäische Sprache nicht verstand, konnten die jüdischen Persönlichkeiten am Volk vorbei reden. So war das Vorhaben, am Volk vorbei zu regieren. Der Sachverhalt ist im Buch Jesaja 36,11 nachzulesen. Das ist bis heute gebräuchlich.

Jesaja 36,11:

»Da sagten Eljakim, Schebna und Joach zu dem Rabschake: Sprich doch aramäisch mit deinen Knechten! Wir verstehen es. Sprich vor den Ohren des Volkes, das auf der Mauer steht, nicht judäisch mit uns!«

Der Rabschake ist ein hoher assyrischer Würdenträger. Auch heute verhandelt man hinter verschlossenen Türen. Das Volk soll von alledem nichts mitbekommen. Es ist geheim, weil es zugleich wertlos ist. Und die heutigen Politiker – handeln geheim und ist wertlos.

Eine wichtige Hauptsache an dem Stück: Lot wurde befreit. Er bekam seine Frauen und erhielt sein ganzer Besitz zurück.

Im Buch Richter (19,10) wird der Name Jebus angeführt (Jebusiter). Jerusalem ist eine jüdische Stadt (die zum Stamm Juda gehört). Die Silbe »J« ist typisch für Land und Leute. Zum Beispiel Jericho, Jaffa, Jerusalem. Personen wie Juda, Josef,

Jesus, Jesus-Sirach Jesaja, Jeremia, Joel, Ijob, Jerobeam, Jehu, Joram, Josia, Joasch, JHW u.a. verwenden diese Anfangsbuchstaben.

Als Abraham mit den drei amoritischen Brüdern und die Könige vom Toten Meer vom Siegeszug zurückkehrte, gingen sie in das Schawetal, das jetzt Königstal heißt. Das ist das heutige Kidrontal und liegt in der Nähe der Altstadt Jerusalems.

Dann betritt ein Mann die Bildfläche mit Namen Melchisedek.. Er ist König von Salem und Priester des höchsten Gottes. Er brachte Brot und Wein heraus und segnete Abraham. Er sprach: »Gesegnet sei Abraham vom Allerhöchsten Gott, der Himmel und Erde geschaffen hat.« Deshalb gab ihm Abraham den 10.Teil von der besten Beute (Hebräer 7,4). Worin der Teil von der besten Beute bestand, wird nicht gesagt.

Nachdem Abraham von Melchisedek gesegnet wurde, wird dieser Segen in diesem Kapitel erweitert. Der König von Sodom hatte die Befürchtung, dass, nachdem Melchisedek Anteile von der besten Beute erhalten hatte, es für die anderen Kämpfer nicht viel übrig blieb. Abraham aber sagte: »Ich schwöre beim Gott des Himmels und der Erde, dass ich weder Faden noch Schuhriemen behalten will. Was dir gehört und was du gewonnen hast, soll dir gehören. Du sollst nicht sagen, ich habe

Abraham reich gemacht. Dann werden noch die drei kanaanitischen Brüder erwähnt, sie erhielten auch ihren Anteil.«

Abbildung 14.1. Melchisedek segnet Abraham

KAPITEL 15

GOTTES BUND MIT ABRAHAM

Nachdem Abraham von Melchisedek gesegnet wurde, wird dieser Segen in diesem Kapitel erweitert. Der Vorgang ist mit der Ankündigung eines Sohnes gekoppelt. Das wird in den Versen 1-8 gesagt. Mit den Versen 9-17 wird ein seltsamer Vertrag vorgestellt. In einer Vision spricht der Herr zu Abraham, er soll sich nicht fürchten. Er will ihm ein Schutzschild sein. »Und der Lohn wird sehr groß sein«, heißt es weiter.

Dann wird Gott in einem Gesicht beschrieben. Im Judentum spricht man den Namen «Gott» nicht aus, obwohl er gemeint ist. Das Kapitel hat einen mystischen Charakter, das ist so seltsam, dass man aufmerken muss. Bemerkenswert ist ferner, dass auf eine Anfangsrede ein Gespräch folgt. So spielen sich Gott und Abraham gegenseitig die Bälle zu. Rede, Antwort und Erweiterungsrede wechseln sich

gegenseitig ab. Das Gespräch wird in eine bestimmte Richtung gelenkt. Man kann nicht wissen, wo
und wann das Gespräch zugetragen hat. Es werden
weder Zeiten noch Orte genannt. Man könnte eher
die Orakelstätte Mamre annehmen.

Ganz unvermittelt kommt Abrahams Kinderlo-
sigkeit zur Sprache. Und obwohl – nach biblischer
Lehre – er mit 75 Jahren immer noch als kinderlos
gilt, soll das bald anders werden. Auch seine Frau
ist immer noch kinderlos. Dafür wird der Knecht
Eliëser von Damaskus ins Spiel gebracht, der sein
Erbe antreten soll. Abraham spekuliert: Der HERR
hat ihm keinen Samen gegeben, und seine Ehefrau
ist immer noch kinderlos. Das ist der Anlass zur
baldigen Klärung der Sache.

Die Gelehrtenschulen haben wie immer das letzte Wort, denn sie lassen Gott sprechen, obwohl er
selbst nicht sprechen kann. So heißt es: »Nicht der
Knecht Eliëser wird dein Erbe antreten, sondern
dein eigener Sohn.« Die Anfangsrede, sich nicht zu
fürchten, wird übergeleitet in Abrahams Kinderlo-
sigkeit. Dann wird ihm ein Sohn verheißen. Und
das im Alter von 75 Jahren. Er wird später Vater
von Ismael. Trotz aller Einwände heißt es: Abraham
soll rechtschaffen und gut sein.

Das Vorhaben, zu einem Sohn zu kommen, wird
nicht weitergeführt. Auch von den 318 militärischen

Personen, die in seinem Haus geboren wurden, ist keine Rede mehr. Abraham wird ins Freie geführt. Er soll die Sterne zählen, so zahlreich sollen seine Nachkommen sein.

So werden aus einem angekündigten Sohn viele Söhne. Während Abraham mit seinen Zelten hin und her zog, soll das bei seinen Erben anders sein. Das Land der Kanaaniter wird ihm zugesagt. Solche konfliktreichen Ereignisse zwischen Land und Leute dauern bis heute an.

Der HERR spricht: »Ich habe dich aus Ur in Chaldäa geführt, um dir dieses Land zum Eigentum zu geben.« Es zeigt sich, dass der Knecht Abrahams offenbar nicht nach Ur in Chaldäa zog. In Gen 24,4.10 wird beschrieben, wie er fortgeschickt wurde, mit der Maßgabe, eine Frau für Isaak zu holen, und das obwohl er noch nicht geboren war, wird er fortgeschickt. Wörtlich heißt es: »Du sollst in meine Heimat zu meiner Verwandtschaft reisen und eine Frau für meinen Sohn Isaak holen«; Vers 10: »Der Knecht nahm zehn von den Kamelen seines Herrn und machte sich mit allerlei kostbaren Sachen auf den Weg. Er zog nach Mesopotamien und zum Aram-Naharajim.«

Eine kleine Aufstellung:

- Mesopotamien = Land der zwei Flüsse.

- Aram-Naharajim = Die Stadt Nahors (Als Nahor nicht mehr lebte, wurde daraus Paddan Aram.)

- Paddan-Aram = Heimat Betuels und Labans usw.

- Harran = Stadt am oberen Euphrat.

Verse 8-16:

Abraham fragte, woran er erkennen soll, dass ihm das Land Kanaan als Eigentum gehören soll? Jetzt kommt es zu einem eigenartigen Vertrag, von dem oben bereits die Rede war. Die Antwort: Als Israel im babylonischen Exil weilte, waren sie ehr- und heimatlos. Man suchte nach einer neuen Identität. Das war die Geburt Abrahams.

In den weiteren Versen folgt ein eigenartiger Vertrag:»Der Herr sagt zu Abraham: Hole mir eine dreijährige Kuh, eine dreijährige Ziege und einen dreijährigen Widder. Hole mir eine Turteltaube.« Diese Teile sollen zerteilt werden und gegenüber angeordnet werden, so dass eine Gasse entsteht. Die beiden Vögel soll er nicht zerteilen und jeweils einer Gruppe zugeordnet werden. Als das geschehen war, ohne dass man ihn dazu aufgefordert hätte, kamen Raubvögel herbei, um die Tiere zu fressen. Abraham verscheuchte sie.

Als sich die Geschicke ihren Lauf nahmen, beginnt die Sonne am Horizont unterzugehen. Auf

Abraham fiel ein tiefer Schlaf, Schrecken und große Finsternis überfiel ihn. Oben wurde zwar gesagt, er soll dich nicht fürchten, davon ist jetzt keine Rede mehr. In dieser Lage wird ein Sprung in die jüdische Vergangenheit gemacht: »Das Volk wird in Ägypten Fremde sein und als Sklaven 400 Jahre dienen und dann mit großer Habe ausziehen. Du aber wirst im guten Alter heimgehen und mit deinen Ahnen versammelt sein. Aber: Abraham hat keine Ahnen, mit denen versammelt sein könnte. Erst die vierte Generation wird hierher zurückkehren; denn das Maß der Sünden der Amoriter ist noch nicht voll«, heißt es weiter.

Wann aber ist das Maß voll? Amoriter waren z.B. Aner, Mamre und Eschkohl, die Abrahams Bundesgenossen waren (Gen 14,13). Davon abgesehen können Knechte und unterdrückte Völker nie mit großer Habe ausziehen. Ein Knecht wird froh sein, wenn er Freiheit erhält. Und ein freier Mensch ist kein Knecht mehr.

Verse 17-21:

Dann heißt es, die Sonne sei ganz untergegangen. Stockfinsternis herrschte. Plötzlich erschien ein rauchender Glutofen und eine Feuerfackel, die zwischen den Fleischstücken hindurchfuhren. Eine gespenstische Situation ist das. Magie und Mystik sind die Basis. Das ist der Vertrag zwischen Gott und Abraham.

Der HERR spricht zu Abraham: »Deinem Samen gebe ich dieses Land: Vom Grenzbach Ägyptens bis zum großen Strom Euphrat. Es ist das Land der Keniter, der Kenasiter, der Kadmoniter, der Hetiter, der Perisiter, der Rafaïter, der Amoriter, der Kanaaniter, der Girgaschiter, der Hiwiter und der Jebusiter.«

Diese Stämme sollen vernichtet werden, damit die Jedudis sich ungehindert ausbreiten können. Sie sollen das besagte Land in Besitz nehmen, kein Frieden ist möglich.

Zusätzliche Infos:

• Nacht und stockfinstere Dunkelheit, Schrecken und Angst begleiteten Abraham. Da Gott Licht und keine Finsternis ist, wer war die Person, die in der rabenschwarzen Nacht zu Abraham sprach?

• In Vers 13 wird von 400 Jahren gesprochen. Man meint damit die Dauer der Juden in Ägypten. In Galater 3,17 wird von von 430 Jahren gesprochen. Warum wird der Auszug aus Ägypten überhaupt erwähnt? Diese Begebenheit konnte Abraham selbst nicht erlebt haben.

• **Der erste Vertrag:** Zwischen Laban und Jakob wird Vertrag geschlossen. Man häufte Steine zu einem Richtmal auf. Weder Jakob noch Laban durften das Richtmal überschreiten: Man hatte kein Vertrauen zueinander. Nach Genesis 31,44–54 durfte der Vertrag nicht gebrochen werden. Hätte man damals Mörtel gehabt, hätte man eine Mauer gebaut.

• **Der zweite Vertrag:** Der Prophet Jeremia beschreibt im Kapitel 34, 18-20 von einer Nicht-Einhaltung eines Vertrages: »Ich mache die Männer, die mein Abkommen verletzt und die Worte der Abmachung, die sie vor mir getroffen hatten, nicht gehalten haben, dem Kalb gleich, das sie in zwei Hälften zerschnitten haben und zwischen dessen Stücken sie hindurchgegangen sind.«

• Vom Grenzbach Ägyptens bis zu großen Strom Euphrat, damit ist die Stadt Harran gemeint. Die Entfernung beträgt rund 800 Kilometer. Die Leute hatten damals Wissen über Land und Leute. Abraham war tausende Kilometer unterwegs: Von der alten Ruinenstadt Ur bis nach Kanaan dann bis zum Hain Mamre und ägypten, sind entsprechend weit.

• Daher stellt sich die Frage, wie weit kann ein Mensch bei klarem Wetter blicken? Bei einer Augenhöhe von 1,8 Meter, ist der Horizont 5 Kilometer entfernt.

DIE GEBURT ISMAELS

IM 16. Kapitel wird die Geburt Ismaels beschrieben, die bereits angekündigt wurde. Der Artikel umfasst 16 Verse.

Mit Beginn des Kapitels wird Sarahs Unfruchtbarkeit nochmals hervorgehoben (Kap 11,30). Sie hatte eine ägyptische Magd, Hagar mit Namen, die jung und anscheinend gebärfreudig war. Sarah sprach zu Abraham: »Der Herr hat mich verschlossen, Kinder zu bekommen. Gehe zu meiner Magd, vielleicht bekomme ich durch sie zu Nachkommen.« Und Abraham hörte auf die Stimme Sarahs.

So gab Sarah ihre Magd Hagar ihrem Mann zum Weib. Bald darauf wurde Hagar schwanger. Welch freudiges Ereignis! Nach einiger Zeit konnte das stetig wachsende Bäuchlein nicht übersehen werden. Dann schaute Hagar geringfügig auf Sarah herab. Sarah wurde wütend. Ihre Stirn zog sich in Sorgenfalten. Bissig teilte sie Abraham mit und sprach: »Der HERR sei Richter zwischen mir und dir.« Abraham sollte etwas zu tun. Und was machte der Erzvater? Er fiel, bildlich gesprochen, um. Und er sprach: »Siehe, ich gebe Hagar in deine Hand. Tue mit ihr, wie es dir beliebt.« Nichts ist schlimmer als gesagt wird: »Da werden Weiber zu Hyänen und treiben mit Entsetzen Scherz«, sagte der Dichterfürst Friedrich Schiller. Dann erklang ein heftiges Hühnergegacker. Dann floh Hagar ins Freie und ging hinweg, bevor Schlimmeres geschah.

Die ägyptische Magd Hagar machte sich auf und ging auf dem Weg nach Schur. Bei einem Wasserbrunnen betritt ein Engel die Szene und fragt: »Magd Hagar, woher kommt du und wohin gehst du?« Die Fragen des Engels waren formeller Natur. Er wusste ja, was geschah. Er spielte den Kommunikator der jüdischen Schule. Er wusste um die Situation, stellt aber Fragen. Hagar antwortete wahrheitsgemäß: »Ich bin vor meiner Herrin geflohen.« Dann pflegt der Engel weiter zu sprechen:

- Kehre um und demütige dich unter ihre Hand.
- Wenn du zurückkehrst, will ich deinen Samen mehren.
- Ich sehe, du bist schwanger. Woher wusste er das? Er gab sich ja ansonsten unkundig.
- Du wirst ein Sohn gebären. Ismael soll er heißen.
- Dann aber die Einschränkung: Es heißt: »Dein

Sohn wird ein wilder Mensch sein« (Gen 16,12).

Vers 14: Aus einem Engel wird ein HERR, El Roi. Hagar sagte: »Du bist Gott, der mich sieht.« Darum nannte sie den »Brunnen des Lebendigen, der mich sieht.« Der Brunnen liegt zwischen Kadesch und Bared.

Hagar gebar Abraham einen Sohn. Der Engel oder Abraham gab dem noch zu geborenen Sohn den Namen Ismael. Das geschah mit dem 86. Lebensjahr Abrahams.

Zusätzliche Infos:

Abraham hat eine Frau und zwei Halbfrauen. Das dürfte damals keine Seltenheit gewesen sein. Im aramäischen Harran lebte ein Mann mit dem Namen Laban (vgl. Gen 29,4). Er hatte zwei Töchter. Die eine hieß Lea, die andere Rahel. Beide Frauen hatten jeweils eine Magd. Jakob, der Enkel Abrahams, hatte mit den beiden Frauen und mit ihren Mägden zwölf Söhne gezeugt. Diese gelten als die zwölf Stämme Israels. Die Mägde der beiden Frauen werden positiv dargestellt. Sie stammen aus dem aramäischen Harran.

KAPITEL 17

DIE BESCHNEIDUNG

IN diesem Kapitel wird der Bund der Beschneidung beschrieben (lat. Zirkumzision; jüd. Bert
Mila = Bund der Beschneidung). Das Kapitel hat
27 Verse. In den ersten zehn werden die Vorzüge
Abrahams wieder vorgestellt. Das geschah bereits
im 15. Kapitel. Außerdem werden keine üblichen
Reiseberichte beschrieben. Wo die Beschneidung
stattgefunden hat, wird nicht gesagt. Es könnte sich
wieder um das kanaanitische Bergland handeln. Ist
die Orakelstätte Mamre vorstellbar?

- Verse 1-9:

Bereits mit dem zweiten Vers ist von einem »Bund«
die Rede. Ein Bund ist Vertragsteil wischen zwei
Personen bzw. zwischen Stammesältesten. Der Bund
der Beschneidung ist der äußere Zusammenhalt des
Kapitels.

War Abraham bei der Geburt Ismaels 86 Jahre

alt, wird ein Sprung in sein 99. Lebensjahr getan – schließlich sind 13 Jahre vorbei. Was sich dazwischen zugetragen hat, wird nicht gesagt. Der HERR spricht: »Geh deinen Weg vor mir her und sei rechtschaffen. Wenn du das tust, werden dir viele Nachkommen verheißen. Das Land Kanaan wird dir und deinen Nachkommen gehören.« Mit dem Vers 15 kommt es zur Umbenennung. Aus Abram wird Abraham und aus Sarai wird Sarah. Das hängt mit der Geburt Isaaks zusammen.

• Verse 10-14:

Der jetzige Bund Gottes mit Abraham ist die Beschneidung. Das betrifft das männliche Glied. Dieser Bund hat alttestamentliche und religiöse Wurzeln. In Ländern wie Indien, China, Europa, Australien, Südamerika ist die Beschneidung unbekannt. Gott hat den Menschen ohne Beschneidung geschaffen. In dem Brief des Apostel Paulus an die Galater(2,11,-14) wird auf die Beschneidung eingegangen. Die Juden wollten das dortige Volk (um Ankara), beschneiden lassen. Aber Paulus lehnte das ab. »Der Glaube ist eine Gnadengabe, kommt aber nicht aus dem Gesetz.«

Die Beschneidung gehört zur Identität und zum Gemeinschaftsbild, stellt die Zugehörigkeit der nahöstlichen Völker dar. Wer sich nicht beschneiden lässt, der soll aus dem Stammesverband ausgeschlossen werden (Gen 17,14) . Die erste Person, die im Zelt Abrahams beschnitten wurde, war Ismael (Kap 17,23). Wer Abraham mit 99 Jahren beschnitten hat, wird nicht gesagt. Warum soll sich alter Herr noch beschneiden lassen?

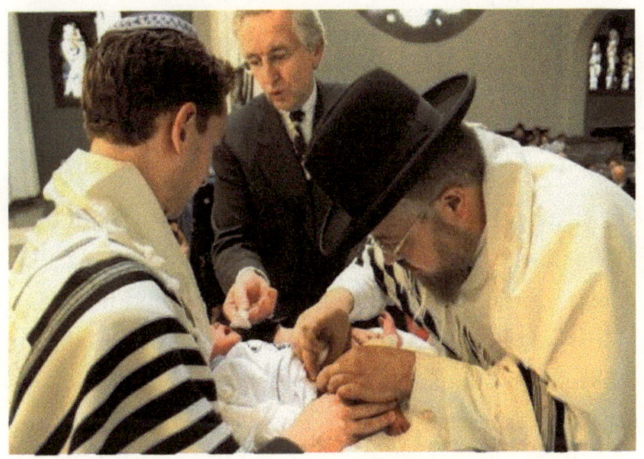

Abbildung 17.1. Mann mit Hut beschneidet einen Knaben

So ist man ergriffen von der Rigorosität der Berichte. Weitere Eigenarten sind die Ich-Worte des Textes. Die zweite Auffälligkeit ist das Wort »Bund«. Eine Aufstellung:

Die Ich-Worte:

1. Vers 1: Ich bin Gott, der Allmächtige
2. Vers 2: Ich will meinen Bund schließen zwischen mir und dir und dich zahlreich machen

3. Vers 4: Das ist ein Bund zwischen mir und dir
4. Vers 5: Denn ich habe dich erwählt
5. Vers 6: Ich mache dich sehr fruchtbar
6. Vers 7: Ich schließe einen Bund zwischen dir und mir
7. Vers 8: Ich will dir und deinen Nachkommen ganz Kanaan geben
8. Vers 16: Denn ich will Sarah segnen
9. Vers 20: Wegen Ismael habe ich dich erhört

Zu beachten sind zwei Besonderheiten. Laut dem Vers zwei will Gott einen Bund mit Abraham schließen. Der Vers 21 berichtet von einen Bund mit Isaak. Mit Jakob wird der beschlossene Bund aktualisiert (Kap 28). Man könnte von einem »Dreigestirn« sprechen: Abraham, Isaak, Jakob. Nach der Wüstenwanderung betritt die Person Mose die Bildfläche. Wenn Abraham nicht existiert hat, haben Ismael, Isaak und Jakob auch nicht gelebt. Wenn die drei letztgenannten gelebt haben, Abraham aber nicht, stellen sich tiefgreifende Fragen.

Bund der Beschneidung:

1. Vers 2: Ich will einen Bund stiften
2. Vers 4: Das ist mein Bund: Du wirst Stammvater...
3. Vers 7: Ich schließe einen ewigen Bund mit dir und mir

4. Vers 9: Du aber halte meinen Bund...
5. Vers 10: Das ist mein Bund, alles, was männlich ist...
6. Vers 11: Das soll zum Zeichen meines Bundes, Vorhaut beschneiden
7. Vers 13: Mein Bund, dessen Zeichen die Beschneidung ist...
8. Vers 14: Wer sich nicht beschneiden lässt, hat meinen Bund gebrochen...
9. Vers 19: Ich will meinen Bund mit Isaak aufrichten...
10. Vers 21 Meinen Bund aber schließe ich mit Isaak...

Zwei Besonderheiten sind noch zu erwähnen: Im Vers 2 will er einen Bund mit Abraham aufrichten. In Vers 21 schließt er einen Bund mit Isaak. Das Wort »Beschneidung« hebr. **berit**, wird vom Arabischen **Zer-Schneidung** abgeleitet. Ein weiterer Text stammt aus dem lateinischen Wort **circumcido** und besagt **Rings abschneiden**.

● **Josua 5,2-3:**

Damals sagte der Herr zu Joshua: »Mache dir Steinmesser und ordne wieder eine Beschneidung der Israeliten an, eine zweite! Da machte sich Joshua Steinmesser und beschnitt die Israeliten auf einem Hügel, den man später Hügel der Vorhäute nannte.« Diese zweite Beschneidung setzt eine erste voraus.

Bei der vierzigjährigen Wüstenwanderung wurde offensichtlich nicht mehr beschnitten. Das Ritual wird hier in aller Konsequenz ausgeführt. Später haben sich einige Juden (unter Fremdherrschaft der Griechen) bei sich die Beschneidung rückgängig gemacht. Das sagt der Vers im 1. Makkabäer Buch. Wie das geschehen konnte, wird nicht gesagt.

- **1.Makkabäer 1,15:**

»[...] und ließen bei sich die Beschneidung rückgängig machen. So fielen sie vom heiligen Bund ab, vermischten sich mit den fremden Völkern und gaben sich dazu her, Böses zu tun.«

Eine weitere Erzählung von Vorhäuten:

- **1.Samuel 18,25:**

»Saul antwortete: So sollt ihr David sagen: Der König möchte keine andere Brautgabe als die Vorhäute von hundert Philistern, um an den Feinden des Königs Rache zu nehmen. Saul plante nämlich, David den Philistern in die Hände fallen zu lassen.«

Vorhäute spielen eine weitere Rolle. Das zeigt der folgende Text:

2.Samuel 3,14:

»Dann schickte David Boten zu Ischbaal, dem Sohn Sauls, und ließ ihm sagen: Gib meine Frau Michal heraus, für die ich die hundert Vorhäute der

Philister als Brautpreis bezahlt habe.« Daraufhin bekam David die Tochter Sauls zur Frau. (Gold und Silber will er nicht haben.)

1.Samuel 18,27:

»Als David sich auf den Weg machte und mit seinen Leuten zog; er erschlug 200 von den Philistern, brachte ihre Vorhäute zum König und legte sie vollzählig vor ihn hin, um sein Schwiegersohn zu werden. Und Saul gab ihm seine Tochter Michal zur Frau.«

Die Beschneidung ist neu. Die Umbenennung ist neu. Die Ankündigung eines gemeinsamen Sohnes ist neu. Die rigorose Aussage der Beschneidung ist gemacht worden, um zum einem Volk zu werden. Wer sich nicht beschneiden lässt, der soll aus dem Volk ausgeschlossen werden. Er hat keinen Anteil mehr (Gen 17,14). Abraham wird nicht sesshaft, er wanderte immer noch hin und her.

Abrahams Kinder:

Die Umbenennung von Sarai zu Sarah und Abram zu Abraham geschieht bereits bei der Ankündigung der Geburt Isaaks. In dieser Situation lacht Abraham wegen seines hohen Alter und fragt, ob ein Hundertjähriger noch Kinder zeugen und ob die neunzigjährige Sarah noch Kinder bekommen kann. Wie dem Text zu entnehmen ist, glauben die

Eheleute selbst nicht daran. Ein Hundertjähriger gilt als Opa und die neunzigjährige Sarah als Oma. Und Sarah ging es nicht mehr nach Frauenweise. Sie hatte keine Periode mehr und konnte keine Kinder bekommen. Der Eisprung war nicht mehr vorhanden. «Alles hat seine Zeit, Gebären hat seine Zeit, Sterben hat seine Zeit», heißt es im Buch Kohelet 3,2-8.

Laut dem 25.Kapitel hat sich Abraham eine weitere Frau genommen, Ketura mit Namen. Ihre Söhne werden genannt, Töchter nicht. Die Söhne heißen Simran, Jokschan, Medan, Midian, Jischbak und Schuach. Wenn man bei der fortlaufenden Kapitelnummerierung das fortschreitende Lebensalter annimmt, müsste Abraham runde 120 Jahre alt gewesen sein, als er diese Söhne zeugte. Das ist unwahrscheinlich. Er und seine Frau hatten bereits bei der Geburt Ismaels Bedenken gehabt. Bekanntlich wurde bei der Ankündigung der Geburt Isaaks auf das hohe Alter der Eheleute hingewiesen. Daher ist anzunehmen, dass die Beziehung zu Ketura bereits in Harran bestanden hat.

Midian ist der Stammvater der Midianiter, Ismael der Ismaeliter. Beide Stämme hatten beim Verkauf von Josef Geschäfte gemacht (Genesis 37,28). Die genannten Personen waren gestandene Männer, die von allerei Handel lebten. Sie hatten bei der Vermittlung von Sklaven und Mägden ihr Hand im

Spiel. Das war bereits damals ein lohnendes Geschäft. Josefs Brüder schlachteten ein Ziegenbock und tauchten das Blut ins Gewand des Josef. Das brachten sie zu ihrem Vater, um zu sagen, ein wildes Tier habe Josef getötet. Josef war demzufolge nackt, als er in der Grube gesteckt wurde.
Die Zirkumzision ist ein religiöses Ritual. Es gilt als die Zugehörigkeit zu einem Volksstamm. Auf der anderen Seite wird es kaum heißen können, zeige mir dein Glied, um zu sehen, ob du beschnitten bist.

Verse 23-27:

Abraham beschnitt seinen Sohn Ismael mit dem 13. Lebensjahr. Er selbst wurde mit 99. Jahr beschnitten. Wer das getan hat, wird nicht gesagt. Die Beschneidung Isaaks geschah mit dem achten Lebenstag (Kapitel 21,4). Nur von der Bescheidung der Söhne Abrahams mit dem Kebsweib Ketura wird nichts gesagt. In Harran war es wohl nicht üblich, dass Söhne beschnitten wurden. Bei der Geburt Isaaks werden diese Söhne mit Geschenken nach Osten geschickt.

KAPITEL 18

GOTT ZU GAST BEI ABRAHAM

Das Leben Abrahams wird zwischen den Ortschaften Mamre (Hebron), Sichem, Ägypten, Gerar, Berg Morij und Beerscheba beschrieben. Sein Leben ist ein Wanderleben. Nach den biblischen Schilderungen hat er tausende Kilometer zurückgelegt. Das Leben antiker Viehhirten sind unstete Wanderungen. Wenn es heißt, Haran starb bereits in Ur, erinnert das an die historische Stadt. Die Gegend um Harran wirkt belanglos. Die typischen Gebäude, die im Cover zu sehen sind, werden im biblischen Bericht nicht erwähnt. Die oben zugespitzte Häuser erinnern an Pyramiden. Bei den Häusern in Harran kommen die Sonnenstrahlen an der Spitze an und werden und nach vier Seiten abgeleitet. Die Bewohner werden sich im kühlen Innern aufgehalten haben. Klimaanlagen gab es ja nicht. Das in der Bibel beschriebene Haran heißt auf akkadisch »Harrānu«. Das 18. Kapitel beschreibt weitere Eigenarten und Besonderheiten. Dabei sind weitere Teile an Erzählungen eingeflochten. Die erste Abschnitt berichtet vom Besuch von »drei Männern« und geht über in eine Erscheinung, die als der «Herr» bezeichnet wird. Es bietet sich folgende Lösung an: Von den drei Männern ist einer der Wortführer. Er wird als der "Herr vorgestellt. Dabei ist dieser Herr der Kommunikator (Wortführer) der gespielten Szene. Er hält, wenn man so will, das Gespräch in Gang. Die anderen zwei Männer dürften eher Gehilfen gewesen sein. Die Erzählung findet bei glühender Mittagshitze statt.

Die ersten Verse 1-15:

Ort der Handlung ist der Hain Mamre. Bereits im Kapitel 14,13 wird der Ort erwähnt. Im Kapitel 15,16 wird von der Schuld der Amoriter gesprochen. Es heißt: Erst wenn die Schuld getilgt ist, die nach 400 Jahre und der 4.Generation eintreffen soll, wird jetzt nichts mehr davon gesagt. Dort bei glühender Mittagshitze saß Abraham vor seinem Zelt. Der erste Vers sagt: »Der Herr erschien Abraham bei den Eichen von Mamre.« Er sieht drei Männer aus dem Waldstück kommen. Abraham begrüßt sie und sagt: »Geht nicht vorbei. Ich werde Wasser holen, dann könnt ihr euch die Füße waschen.« . Die Füße waren entsprechen staubig. Dass die Männer nur gekommen sind, um sich satt zu essen , kann angenommen werden. Es mögen Reisende gewesen sein, die ihre Orakelsprüche, Wahrsagungen, Kultgesänge und sonstige Weisheiten vorgetragen haben, natürlich gegen entsprechende Belohnung.

Mit Vers 6 lief Abraham zu seiner Frau und gab ihr den Auftrag, aus drei Sea Mehl Fladenbrote zu backen. (1 Sea Mehl entspricht 13 Liter, 3 Sea sind 39 Liter.) Die Dreizahl ist bedeutsam. Nach Kapitel 15,9 soll Abraham ein dreijähriges Rind, eine dreijährige Ziege und einen dreijährigen Widder holen. Auch zur Dreizahl gehören Abraham, Isaak und Jakob. Es ist eine Zahlenmystik.

Mit dem Backen von Fladenbroten allein ist es nicht getan. Abraham lief zu seinem Jungknecht mit der Maßgabe, ein prächtiges Kalb zu schlachten und zuzubereiten. Als das geschehen war, Stunden werden vergangen sein, nahm Abraham noch Butter und Milch und setzte es den drei Männern vor. Als sie das frugale Mal gegessen hatten, könnten sie die Reise fortsetzt haben. Sie bleiben aber noch sitzen. Sie fragten nach Sarah. Woher wussten sie, dass Abrahams Ehefrau Sarah hieß? Keiner von ihnen konnte das vorher wissen. Abraham sagte: »Sie ist dort im Zelt.« Da sprach der Wortführer: »In einem Jahr komme ich wieder, dann hat Sarah einen Sohn.« Noch ist das Kind nicht geboren, so wussten die Herren bereits, dass es ein Sohn sei. Anstatt bei der Geburt zugegen zu sein, ließen sich die drei Männer nicht mehr blicken. Als die drei Männer einen Sohn angekündigt hatten, stand Sarah hinter ihrem Mann und lachte still in sich hinein. Sie möge gedacht haben: »Sollte eine 90 jährige Frau noch Mutter und ihr 100 jähriger Mann noch Vater werden können?« Das hielt Sarah selbst für unwahrscheinlich.

Verse 13-15: Der Herr fragte, warum lacht Sarah? Denn sie musste lachen, denn es ging ihr nicht mehr nach Frauenweise. Auch ihr Herr sei ein alter Mann, bemerkt sie noch. Sarah lachte hinter dem Rücken ihres Mannes in sich hinein. Der Herr will das Nichtsehen trotzdem wahrgenommen haben. Darum fragt er: »Sollte Gott etwas für unmöglich sein?« Das Lächeln steht im Gegensatz dazu.

Jahwe wird das, was geworden ist, nicht anders machen können. Ereignisse, die geschehen sind, lassen sich nicht mehr zurückdrehen. Wenn ein Mensch 100 Jahre alt ist, kann man das Alter nicht mehr zurückdrehen; es kann daraus kein Jungbrunnen werden. Wenn Sarah über Jahrzehnte als unfruchtbar galt, kann das mit einer 90-jährigen Frau nicht anders gewesen sein. Der Faktor Zeit lässt sich nicht zurückdrehen. Alles schreitet vorwärts. Was kann man noch sagen? Solche Ereignisse sind am Schreibtisch entstanden.

18.1. Abrahams Fürbitte für Sodom

Die zweite Erzählung beschreibt Abrahams Fürbitte für Sodom. Zu Sodom gehört auch Gomorra. Sodom wird zuerst genannt. Das deshalb, weil dazu Sodomie gehört. Das gilt als schwere Sünde, als Verfehlung vor dem Herrn.

Die Verse 16 bis 33:

Die drei Männer erhoben sich von ihrem Platz und wandten sich Sodom zu, und Abraham ging mit ihnen. Wir wissen nicht, wo Sodom und Gomarra gelegen hat. Es wird an der Ost- oder Westseite des Toten Meeres vermutet. Die Wanderung von Mamre bis dahin werden um die 40-50 Km betragen haben. Zu allem Erstaunen kommt der Herr wieder zu Wort. Er ist der Wortführer und Abraham der Kommunikator. Der Herr spricht mit sich selbst:»Sollte ich Abraham verschweigen, was ich vorhabe?« Abraham soll zu einem großen Volk werden. Nachdem der Herr gegen den Sippenvater Einwände geltend gemacht hat, nimmt er plötzlich Geschrei von Sodom und Gomorra wahr. Davon will sich Abraham selbst überzeugen.

Zwei Männer wandten sich Sodom zu, nur Abraham blieb noch vor dem Herrn stehen. Abraham trat näher, obwohl er nahe genug gestanden hatte, dann kommt es zu einem gewissen, eigenartigen Handel.

• Abraham fragt: »Willst du den Gerechten mit dem Gottlosen dahinraffen? Vielleicht gibt es fünfzig Gerechte in der Stadt. Willst du den Ort vernichten?«

• Der Herr sagt, das sei ferne. Ich werde Sodom und Gomorra nicht vernichten um der fünfzig Gerechten willen.

• Abraham fragt: Sollte es fünfundvierzig Gerechte geben. Willst du die Stadt verbrennen und vom Untergang verschonen?

• Abraham fragt von Neuem: »Vielleicht gibt vierzig Gerechte in der Stadt?« • Der Herr antwortet: Auch um der vierzig Gerechten willen ich die Orte vorm Gericht verschonen.

• Wieder fragt Abraham. »Ach Herr, dass ich noch weiter frage. Sollte es dreißig Gerechte in der Stadt geben.«

• Der Herr entgegnet: Auch um der dreißig willen, gehe ich vorüber. Ich verschone die Stadt um deinetwillen

• Abraham fragt: »Ach Herr zürne nicht. Willst du die Städte wegen der zwanzig Gerechten vernichten?«

• Der Herr stellt richtig. Auch wegen der zwanzig Gerechte werde ich nichts unternehmen. Es soll kein Feuer vom Himmel fallen.

• Schließlich fragt Abraham: »Sollte es zehn Gerechte geben.«

• Der Herr antwortet: »Auch um der zehn Gerechte will ich nichts unternehmen.«

Als sich der Herr hinweg hob, war das Gespräch beendet. Abraham wanderte zum Hain Mamre zurück?

Beim Handel wäre die nächste Stufe die Zahl fünf gewesen. Das konnte aber nicht geschehen. Im Kapitel 19,14 werden Schwiegersöhne erwähnt. Damit wären Lot, seine Frau, seine beiden Töchter und die zwei Schwiegersöhne sechs Personen gewesen. Deshalb hört der Handel bei zehn Personen auf.

Es gibt dazu einen Bericht der Frankfurter Allgemeinen Zeitung vom 21. März 2012. Unter der Rubrik »Natur und Wissenschaft« ist dort zu lesen, hier nur ein Auszug:

Ein Salzsee voller Rätsel

Es wurden Bohrungen am Toten Meer vorgenommen. Bei einer Wassertiefe von 300 Metern arbeite sich ein Bohrgestänge weiter in eine Gesamttiefe von 460 Meter in den Untergrund. Bereits bei 250 Metern unterhalb des Wasserspiegels gab es eine Überraschung. Es zeigte sich Salz und Schlamm. Als man noch tiefer bohrte, stieß man unterhalb von 253 Metern auf eine ausgedehnte Schicht von Kieselsteinen. Darunter lag eine 45 Meter dicke Salzschicht. Man nimmt an, dass das Tote Meer bereits einmal wasserlos war. Die Aufeinanderfolge von Salz- und Schlammschichten führt man auf ein Erdbeben zurück. Nach Ansicht des israelischen Geophysiker Zvi Ben-Avraham (* 1941) können viele in der Bibel erwähnten Katastrophen auf Erdbeben zurückgeführt werden.

Die beiden Autoren Finkelstein und Silbermann vertreten in ihrem Buch »Keine Trompeten vor Jericho«[FS02] die übliche Darstellung. Sie bestätigen die obigen Ausführungen. Bei dem Handel geht es um die Einteilung von Gerechten und Ungerechten. Abraham bekommt eine Sonderrolle zu. Er rettet Lot aus der bevorstehenden Vernichtung Sodoms. Es gibt eine weitere Besonderheit: In der Erzählung handelt es sich um drei Männer. Sie stehen für Abraham, Sarah und dem angekündigte Sohn. Bei der folgenden Episode geht es nur um zwei Männer bzw. um zwei Engel, denn es wird kein Sohn angekündigt. Der Herr, der Sarah einen Sohn angekündigt hatte, hat sich ja vorhin hinweg gehoben.

KAPITEL 19

DIE RETTUNG LOTS

Das 19. Kapitel enthält 29 Verse.

Der erste Teil setzt die Berichte über zwei Engeln fort, die auch als zwei Herren oder Männer bezeichnet werden (Vers 2,5,10,12). Sie wurden bereits im 18. Kapitel erwähnt. Der Inhalt handelt von der Zerstörung Sodoms und Gomorras. Dann wird die Rettung Lots und seine beiden Töchter erzählt. Das ist der zweite Teil des Berichtes und handelt von den Stammvätern der Ammoniter und Moabiter. Grund der Erzählung ist Inzucht zwischen Lot und seinen beiden Töchtern.

Die Berichte von Abraham und Lot ähneln sich.

• Abraham sitzt vor dem Zelt (18,1).

• Lot saß im Stadttor von Sodom (19,1).

• Abraham neigte sich zur Erde und begrüßte drei Männer (18,2).

- Lot neigte sich zur Erde (19,1).

- Abraham: wascht eure Füße (18,4)

- Lot: Wascht eure Füße. (19,2).

- Abraham-Sara: ließ Brotfladen backen (18,6).

- Lot: Er bereitete ihnen ein Mahl und ließ ungesäuerte Brote backen.

- Abraham: Dann könnte ihr eures Weges ziehen (18,5)

- Lot: Am Morgen könnt ihr euren Weg fortsetzen (19,29).

Die Gelehrtenschulen haben wie immer ihre Hände im Spiel.

Die Verse 1-5:

Die Eröffnungsrede beginnt mit zwei Engeln, die in Vers 2 in zwei Herren übergehen. Im Vers 5 werden aus zwei Engel, zwei Männer und zwei Herren Dann bereitete Lot ihnen ein Mahl: Er ließ ungesäuerten Brotfladen backen. Wer die Brote gebacken hat, wird nicht gesagt.

Als die zwei Herren zum Schlafen sich niederlegten, pochte es am Eingang der Hütte. Die Männer der ganze Stadt Sodom und aus dem Umland war unterwegs. Vom Kleinen bis zum Großen suchten sie nach Männern, mit denen Analverkehr haben konnten. »Wo sind die Männer, die heute Abend zu dir gekommen sind? Heraus mit ihnen, wir wollen mit ihnen verkehren!«

Der Koran schreibt in Sure 7,80-84:

»Erinnert euch auch des Lot, als dieser zu seinem Volk sagte: Wollt ihr denn solche Schandtaten begehen, für die ihr bei keinem Geschöpf ein Beispiel findet. Wollt ihr denn in lüsterner Begier, mit Hintansetzung des Weibes, nur zu Männern kommen? Wahrlich, ihr seid zügellose Menschen.«

Verse 6-11:

Lot machte die Tür auf und ging zu dem schreienden Pöbel hinaus und sagte: Ihr wollt Unrecht tun, die zwei Männer sind meine Gäste und stehen unter meinem Schutz. »Ich habe zwei Töchter, die noch keinen Mann erkannt haben, die will ich euch herausgeben. Dann tut mit ihnen, wie es euch beliebt.«[1] Es konnte also nicht vom Jungfrauen gesprochen werden.

Die derben Sünder von Sodom greifen Lot an. Sie schreien zu ihm: »Mach dich fort. Kommt da ein einzelner Fremder daher und will sich als Richter aufspielen und über uns zu herrschen. Wir wollen

---

[1]Im Vers 14 spricht Lot von seinen Schwiegersöhnen. Schwiegersöhne sind solche, die Töchter bereit geheiratet haben.

es mit dir noch schlimmer treiben als mit ihnen.« Lot saß unter dem Tor Sodoms.

Die beiden Männer machten die Tür auf, zogen Lot herein. Dann sperrten sie die Tür wieder zu und ließen eine Dunkelheit kommen. Die derben sodomitischen Sünder fanden den Eingang zum Haus nicht mehr. Vom lüsternen, derben Geschrei ist nichts mehr zu hören.

Verse 12-22:

Die zwei Männer, die eingangs als Engel bezeichnet wurden, geben sich als Unwissende. Sie fragen Lot, ob er noch Schwiegersöhne, Söhne, Töchter oder sonstige Anverwandte habe. Nur die Frau Lots bleibt unerwähnt. »Bring sie weg von diesem Ort; denn wir wollen diesen Ort vernichten.« Sie korrigieren sich aber schnell. »Das hat der Herr beschlossen und sie an die Orte Sodom und Gomorra geschickt.«

Als Lot das hörte, ging er zu seinen Schwiegersöhnen, klärte sie wegen der Zerstörung Sodoms auf. Er wollte sie retten, aber sie hielten die Rede Lots für loses Geschwätz. Sie wohnten weiter in Sodom. Auch die Frau Lots, die noch in Sodom wohnte, wurde zu einer Salzsäule. Sie blickte zurück. So blieben Lot und seine beiden Töchter übrig.

Verse 23-29:

Die beiden Männer treten jetzt als Engel auf, nehmen Lot, seine Frau und seine beiden Töchter bei der Hand und führen sie aus Sodom heraus und wollten sie in Gebirge führen. Aber Lot wagte einen Einspruch. Er zog zunächst nach Zoar, was eine kleine Stadt an der Südspitze des Toten Meers ist. Als das geschehen war, ließ der Herr auf Sodom und Gomorra Schwefel und Feuer regnen. Lots Frau konnte sich nicht von alten Gewohnheit trennen. Sie schaute zurück und wurde zu einer Salzsäule. Am frühen Morgen begab sich Abraham von den Terebinthen Mamre an dem Ort, an dem er vorher mit den Herrn zusammengetroffen war. Er schaute auf Sodom und Gomorra und sah Feuer und Qualm aufsteigen. Die beiden Städte brannten lichterloh. Als die Städte verbrannt und vernichtet zu werden drohen, erinnerte sich der Herr an Abraham, und er ließ Lot aus dem Feuerqualm ausziehen.

Das ist nicht nötig erwähnt zu werden: Die beiden Engel hatten vorher Lot und seine beiden Töchter aus Sodom geführt. Wo aber sind die Tiere und die Zelte, die Lot in Ägypten gewonnen hatte? Dass er verkauft hatte, kann angenommen werde, wird aber nicht gesagt. Das Vieh wird nicht weniger geworden sein. Von den Zelten und dem Vieh ist jetzt keine Rede mehr. Eine eigenartige Situation wird hier beschrieben.

Die Stammväter der Moabiter und Ammoniter

Verse 30-38:

Lot zog von Sodom und Gomorra nach dem kleinen Ort Zoar. Aber er fürchtete sich in Zoar zu bleiben. Warum, dass wird nicht gesagt. Er machte sich auf und zog ins Bergland, östlich vom Fluss Jordan. Dort soll es eine Höhle gegeben haben. Die Geburtsstunde der Dunkelheit und Finsternis greift um sich. Lot wollte mit seinen Töchtern im Bergland wohnen. Das Gebirge hat einsam zu sein. Hier sagen sich die Füchse gute Nacht. Wenn Lots Frau und die beiden Schwiegersöhne anwesend gewesen wären, wäre das Leben in der Höhle anders gelaufen!

Es kommt zum Inzest. Die ältere Schwester sagt zur jüngeren: »Unser Vater ist schon alt und junge Männer gibt es in diesem fremden Land nicht.« Geben wir unserem Vater Wein zu trinken, dann gehen wir zu ihm ein. Die Schreibschulen haben Weinschläuche in die Szene eingespielt. Als Lot volltrunken war und die beide Schwestern ihren Vater sexuell angeregt hatten, setzte sich die Ältere rittlings oben auf. Als ihr Vater seine Ejakulation bekam, hatte er das nicht mitbekommen, darauf sagten die Schwestern: »Friede Freude Götterfunken.«

Bei der jüngeren Schwester wiederholte sich der Vorgang. Wieder gaben sie ihrem Vater Wein zu trinken. Auch hier war Lot voll des süßen Weins. Beide Schwester regten ihren Vater an, wieder kam es zum sexuellen Verkehr. Dann setzte sich die Jüngere oben auf. Als Lot wieder eine Ejakulation bekam, hatte er das nicht wahrgenommen (Vers 35). Die hohen jüdischen Gelehrten hatte Mühe ihren Hosenlatz zu verschließen.

So wurden die beide Schwestern von ihrem Vater geschwängert. Wurde vorher von den sexuellen Verwerfungen der Sodomer berichtet, geht es hier um Inzucht. Im nächsten Kapitel steht der Besuch Sarahs und Abrahams beim Abimelech von Gerar im Vordergrund. Es geht auch hier um Sexualität. Wahrhaftig, die jüdischen Schreibschulen verstehen es, Sex mit·אֱלֹהִים (Elohiym), geheiligt sei sein Name, als heilige Handlung darzustellen.

Nach einer bestimmter Zeit gebar die Ältere einen Sohn, den sie Moab nannte. Das sind die Moabiter bis zum heutigen Tag. Auch die Jüngere bekam einen Sohn, den hieß sie Ben-Ammi. Aus diesem Namen wurde das Volk der Ammoniter.

• Lot spielt in der weiteren jüdischen Stammesgeschichte keine Rolle.

• Es soll eine Gegnerschaft zum Judentum gebildet werden.

• Im 5.Buch Mose (Deuteronomium = zweites Gesetz) 23,48 steht geschrieben: »In die Versammlung des Herrn darf kein Ammoniter und Moabiter aufgenommen werden.«

• Jeremia 48, 1-7: Beschreibung der Zerstörung Moabs und anderer Völker.

• In dem kleinen Büchlein Ruth wird beschrieben, wie diese moabitische Frau Ruth die Ahnfrau des Königs Davids wurde. Sagen wir es auf französisch: Liberté, égalité, fraternité.

• In 1.Könige 11,7 wird beschrieben, wie Salomo auf dem Berg östlich von Jerusalem eine Kulthöhe für Kemosch, den Götzen der Moabiter und für Milkom, den Götzen der Ammoniter bauen ließ.

• Im Buch Ezechiel (Hesekiel) 21,25 wird vom Schwert der Babylonier gesprochen. Es soll die Richtung des Schwertes angeben werden. Entweder Rabbat-Ammon oder Jerusalem. Nebukadnezar wählte Jerusalem und hat es zerstört.

• Die Hauptstadt des heutigen Jordanien ist Amman. Das erinnert an die Ammoniter. Jordanier bezeichnen sich selbst als Rabbat-Ammon.

• 2.Samuel 12,26-31; 1.Chronik 20,1-3. In beiden Fällen wird die Eroberung Rabbat-Ammons durch den Heerobersten des Königs David, mit Namen Joab, beschrieben. David selbst nahm dem König die Krone vom Haupt und setzte sie sich selber auf. Was wäre aus dem König der Juden ohne Raub und ohne Plünderungen geworden?

• In 1.Chronik 19,1-5 wird beschrieben, wie eine Gesandtschaft vom König David kam, um dem neuen König der Ammoniter, Hanun, zu besuchen. Es ging darum, seinem verstorbenen Vater, Beileid und Ehre zu erweisen. Hanun aber meinte, die Botschafter seien Spione und wollten sein Land auskundschaften. Hanun ließ Haare und Bärte der Abgesandten abschneiden. Sogar die Beduinenmäntel wurden hinten abgeschnitten, so dass ihre Pöter sichtbar wurden. So sehen Weiber aus. Als der König David von dem Missgeschick erfuhr, sagte er zu ihnen: »Geht nach Jericho, bis eure Bärte wieder gewachsen sind.«

ABRAHAM IN GERAR

IN diesem 20. Kapitel besucht Abraham mit Sarah den König Abimelech in der Ortschaft Gerar.

Eine höchst sonderbare Erzählung folgt. Abraham wollte von der Südspitze des Toten Meeres nach Kadesch und Schur ziehen, zog hinauf nach Gerar. Das wird in einem Satz gesagt. Die Entfernung von Kadesch und Schur, wo Hagar eine Zeitlang lebte und wo Mirjam, die Schwester des Mose und Aarons, begraben liegt (4.Mose, Numeri 20 1,) betragen rund 100 Kilometer.

Die Verse 1-5:

Eingangs der Rede wird Abraham als Fremder vorgestellt. Es wusste kein örtlicher Mensch etwas von ihm. Wieder stellte Abraham Sarah als seine Schwester vor. Abimelech fragt nicht danach. Der Bericht erinnert an die Ereignisse in Ägypten (Genesis 12,10-20). Abimelech, der König von Gerar, wird im Kapitel 26,1 als König der Philister geheißen. Bei der Geburt Ismaels war Sarah 76 Jahre. Jetzt dürfte sie das 80. Lebensjahr erreicht haben. Dennoch wird sie noch als attraktiv beschrieben. Sie hatte die Blüte ihrer Jahre längst erreicht. Abimelech ließ Sarah holen.

Es heißt »Der König hatte Gefallen an Sarah.« Es ging ihr längst nicht mehr nach Frauenweise. Als es Nacht war, erschien der Ewige dem Abimelech im Traum und spricht: »Du musst sterben wegen der Frau, die du dir genommen hast. Sie ist verheiratet.« Dann aber wird eine anderer Ton angeschlagen. Es wird beschwichtigt, es heißt der König von Gerar sei ihr noch nicht nahe gekommen. Der Widerspruch ist offenkundig. Als die Situation sich zuspitzte, fragte der König den Ewigen: »Willst du ein gerechtes Volk dahinraffen?« Und fragt weiter: »Hat er nicht selbst gesagt, Sarah sei seine Schwester, und sie selbst hat behauptet, Abraham sei ihr Bruder. Mit arglosen Herzen und reinen Händen habe ich das getan.« Das kann nicht verstehen.

Die Verse 6 bis 10:

Die Herren der Schreibschulen bekannten freimütig: »Ich weiß, dass du das mit arglosen Herzen getan hast, ich habe verhindert, dass du gegen mich verfehlst. Jetzt gib dem Mann seine Frau zurück. Er ist ein Prophet, der für dich eintritt, damit du am Leben bleibst.«

Abraham wird Prophet genannt. Wie kann jemand göttlicher Natur sein, aber Lügen verbreitet? So steht beim Propheten Jeremia folgender Text:

Kapitel 14,14 bis 15:

»Aber der Herr erwiderte mir: Lüge ist, was die Propheten in meinem Namen verkünden. Ich habe sie weder gesandt noch beauftragt, ich habe nicht zu ihnen gesprochen. Erlogene Visionen, leere Wahrsagerei und selbst erdachten Betrug verkünden sie euch (siehe auch 27,14f; 29,8f). Darum spreche ich, der Herr, gegen die Propheten, die in meinem Namen weissagen, obwohl ich sie nicht gesandt habe, und die behaupten, Schwert und Hunger werde es nicht geben in diesem Land: Durch Schwert und Hunger werden diese Propheten enden.«

Jeremia kannte die Tricks der Schreibschulen. Am Morgen, nicht am nächsten Tag?, stand der König von Gerar auf und ließ seine Untergebenen holen. Er erzählte ihnen alles, was vorgefallen war. Dann wird Abraham geholt. Der König machte ihm Vorwürfe und fragte ihn, welcher Teufel in ihn gefahren sei, eine so große Sünde zu begehen! Du hast mir etwas angetan, was man nicht tun darf. Was ist bloß in dich gefahren, als du deine Frau mir als Weib untergeschoben hast? Und dann willst du Prophet sein?

Verse 11 bis 18:

Abraham entschuldigte sich: »Ich dachte, an diesem Ort gäbe es keine Gottesfurcht. Deshalb habe ich meine Frau als meine Schwester vorgestellt. Wir haben den gleichen Vater, aber verschiedene Mütter. Wir sind überein gekommen, überall wohin wir kommen, sollst du sagen, dass du mein Bruder seist. Sage das frei heraus, denn ich will am Leben bleiben.«

Nun kommt die Hauptsache an dem Stück: Der König schenkte Abraham Schafe, Rinder, Knechte und Mägde. Und Abimelech sprach: »Mein Land steht dir offen, lass dich dort nieder, wo es dir gefällt.« Und zu Sarah sprach er: »Ich habe deinem Bruder 1000 Silberstücke geschenkt als Wiedergutmachung für unser erlebtes Zusammensein.«

Nachdem Abraham reichlich gesegnet wurde, betete er zu Gott und trat für Abimelech ein. Der Ewige heilte darauf hin jeden Mutterleib im Haus des Königs. Sie konnten wieder gebären.

Die Priester der Schreibschulen lassen Abraham und Sarah nach Gerar reisen. Abraham bezeichnet sich als Fremder. Er stellte Sarah als seine Schwester vor. Zwei alte Personen, gebrechlich wie sie waren, besuchten Abimelech. Dann kommt Abimelech mit dem üblichen Tête-à-Tê ins Spiel. Abraham blieb lange Zeit als Fremder im Phlisterland wohnen. Damit endet das 20. Kapitel. Im 21. Kapitel wird die Geburt Isaaks beschrieben, das sind Versen 22-34 ein Vertrag zwischen Abraham und Abimelech geschlossen. Im 26. Kapitel sind es die Verse 1-22, hier stattet Isaak mit seiner Ehefrau Rebekka ein Besuch beim König Abimelech ab. Auch hier kommt es zum üblichen Zusammenspiel.

ISAAKS GEBURT

DIE Geburt Isaaks ist bereits im Kapitel 18,40 vom Herrn angekündigt worden. Den beiden Söhnen Abrahams wird große Bedeutung beigemessen. Die Geburt Isaaks umfasst acht Verse. Einen weitaus größeren Rahmen, erzählt die Vertreibung Hagars mit ihrem Sohn. Es zeigt sich, dass Neid und Missgunst zwischen den beiden Frauen bestand. Diese Merkmale vereinen nicht, sie trennen. Religiöse Motive spielen eine weitere Rolle im Zusammenspiel. Als Hagar zum Überleben verschiedene Brunnen aufsuchte, wusste sie davon; denn sie konnte mit den Herden Abrahams umhergezogen sein.

Verse 2 bis 8:

Sarah wurde schwanger, das soll mit Abraham im vorgerückten Alter geschehen sein, als sein Sohn geboren wurde. Er nannnte ihn Isaak. Er beschnitt ihn am achten Tag. Das geschah mit Abraham selbst mit dem 100. Lebensjahr. Er schluckte Juckpulver.Sarah somit 90 Jahre alt. Es wurde bereits darauf hingewiesen, dass eine Frau in diesem Alter keine Kinder gebären kann. Wir haben in der Bibel keine Hinweise über eine Halbierung der Lebensjahre. Sarah soll auch ihrem Sohn gestillt haben. Doch dafür gibt es Ammen! Das Kind wuchs heran und wurde entwöhnt. Als das geschah, veranstaltete Abraham ein großes Fest. Damit endet die Geburt Isaaks. Der Lebensjahre Sarahs enden mit der Ausweisung Hagars. Das eine ist mit dem anderen verbunden. Im Kapitel 23 wird das Ableben Sarahs erzählt.

Wo aber spielt sich die Geburt Isaaks ab? Es können sich Sarah und Abraham immer noch beim König Abimelech in Gerar aufgehalten haben. Von einem anderer Ort wird nichts gesagt. Im nächsten Kapitel (21, 22-34) treffen sich Abraham und Abimelech wieder. Es geht dabei um Brunnenrechte.

Die Einheitsübersetzung:	• umhertollen
Der Luthertext:	• Mutwillen treiben
Tur-Sinai:	• Gespött treiben
Zunz:	• spotten
Elberfelder:	• scherzen

Tabelle 21.1. Mutwillen treiben, spotten

Verse 9 bis 21:

Eine fortlaufende zeitliche Kontinuität der Erzählungen ist unmöglich. Sarah sah, wie der Sohn der ägyptischen Magd mit ihrem Sohn Schabernack trieb. Es gibt verschiedene Ausdrücke hierfür. Eine Aufstellung:

Als Ismael mit Isaak Mutwillen trieb, erinnert das daran, dass Kinder miteinander spielen und sogar Ringkämpfe austragen können. Ismael stand auf eigenen Füßen. Isaak wird vielleicht drei Jahre alt gewesen sein. Damit war Ismael um die 16, 17 Jahre alt. Er war somit ein junger Mann.

Als sich wie bei Jungen üblich mit Kräftemessen die Zeit verbracht haben, sah Sarah, wie ihr Sohn gegen den 14 Jahre älteren Halbbruder keine Chance hatte. Sarah bekam einen feuerroten Kopf. Ihre Stirn zog sich in tiefe und ernste Falten. Vor Zornesröte gepackt, lief sie zu Abraham und forderte ihn auf: »Endlich etwas zu tun. Treib diese Magd mit ihrem Sohn hinaus. Er soll nicht Erbe mit meinem Sohn sein.«[1] Das missfiel Abraham sehr, Ismael war auch sein Sohn. Er suchte nach einem Ausweg. Die Schriftverfasser, die das Wort ergriffen, bringen den Allmächtigen ins Spiel. Diese jüdisch-priesterlichen Gelehrten haben Isaak als alleinigen Erbe ausgemacht. So verließ Hagar mit ihrem Sohn die Zelte Abrahams. Die Vertreibung aus dem Familienverband ist abgeschlossen.

Mit Vers 12 betritt der Gott der Juden die Bildfläche. Er spricht zu Abraham: »Es soll dir nicht leidtun wegen des Knaben. Höre auf alles, was dir Sarah sagt.«

Warum wird aus Ismael einen Knaben gemacht? Er war ja schließlich ein junger Mann. Alle Übersetzer verwenden diesen Begriff. Selbst Bilder europäischer Maler zeichnen Ismael ihn

---

[1]Wenn Sarah von Isaak als Erben sprach, aber er noch nicht geboren wurde, stellen sich Fragen nach der Existenz Sarahs.

so. Er soll am Rockzipfel seiner Mutter hängen. Die Künstler haben den biblischen Text nicht im Zusammenhang gelesen. Es heißt: »Denn nach nach Isaak sollen deine Nachkommen abstammen. Aber auch aus Ismael will ich ein großes Volk machen.«

Abraham stand früh am Morgen auf, nahm Brot und füllte einen Wasserschlauch voll und legte es Hagar auf die Schulter. Ismael wird zu seiner Mutter gesagt haben: »Lass mich das tragen.«

Hagar und Ismael werden mit tröstenden Worten verabschiedet. Wenig später hat das Wasser im Schlauch zu Ende gegangen sein. Es heißt: Sie haben in der Wüste um Beerscheba umher geirrt. (Dort will Abraham Jahrzehnte später selbst gelebt haben). Dann will Hagar ihren Sohn unter einen Strauch geworfen haben. Es heißt: Sie will einen Bogenschussweit auf Ismael gewartet haben, denn sie will das Zugrundegehen Ismaels beobachten wollen. Wo es Sträucher gibt, gibt es auch Wasser.

Die jüdischen Gelehrten lassen das Schreien des Knaben hörbar machen. Der biblische Text klärt auf und deutet auf einen weiteren Werdegang: Gott soll Hagar die Augen geöffnet haben, sie nahm einen Wasserbrunnen wahr.

Die restlichen biblischen Verse sind schnell erzählt. Nachdem getrunken und die Schläuche wieder neu befüllt wurden, ließen sie sich in der Wüste Paran nieder. Dort soll Hagar Ismael eine Frau aus Ägypten geholt haben.

Zusätzliche Überlegungen

Was ist in die Gelehrtenschulen gefahren, so einen Text zu schreiben? Wie ist es nur möglich, aus einem jungen Mann einen Knaben zu machen? Dann wäre noch der Ort Beerscheba zu nennen. Nach Vers 33 pflanzte Abraham dort eine Tamariske. Also gab es Wasser. Und es gab Sträucher, was ebenfalls auf Wasser hinweist (Vers 15). So haben jüdische Gelehrte Lügen verbreitet. Kein Wunder, dass bis heute zum Jugent zu Fragen vorstellbar sind.

21.0.1. Der Vertrag zwischen Abraham und Abimelech

Der Abschnitt umfasst die Verse 22-34.

Die ersten Verse bringen verschiedene Texte zum Ausdruck.

Die Schlachter-Übersetzung: »Und es geschah zur selben Zeit.«

Die EÜ: »Um jene Zeit.«

Luther: »Zu der Zeit.«

Diese Zeit umschließt das Zusammensein zwischen Sarah und dem König von Gerar. Auch die Geburt Isaaks dürfte in diese Zeit fallen. Um diese Zeit sagten Abimelech und sein Feldherr Pichol zu Abraham: »Gott ist mit dir bei allem, was du tust.« Darauf folgt ihr großes Aber: »Wir kennen dich. Du hintergehst Menschen.« »Wir haben dir viel Wohltaten erwiesen. Das gleiche hätten wir auch von dir erwartet. Zumal du ein Fremder bist in unserem Land.« Abraham sagte darauf: »Gut, ich will eure Aussagen beeiden.« Es hätte heißen können: »Ich stimme euren Aussagen zu.«

Mit dem Vers 25 wendet sich das Blatt. Abraham ergreift das Wort. Der Vorwurf lautet: Abimelechs Mitarbeiter haben einen Brunnen in Beerscheba mit Gewalt an sich gerissen. Es war der Wasserbrunnen, aus dem Hagar und Ismael getrunken hatten. Es wird aber nicht gesagt, ob Abraham den Brunnen selbst gegraben hatte. Er war ja über 100 Jahre alt. Das ist schwer vorstellbar.

Abimelech sagte,»bis jetzt habe ich davon nichts gehört.« Das, was du sagt, ist neu. Abraham erinnerte sich des Schwurs, den er geleistet hat. Er gab Abimelech Schafe und Rinder. Damit schlossen sie einen Vertrag. Darüber hinaus stellte Abraham von seiner Herde sieben Lämmer beiseite.[2] Abimelech fragte: »Was sollen diese sieben Lämmer, die du beiseite gestellt hast?« Abraham sagte: »Diese sieben Lämmer sollst du von meiner Hand nehmen, als ein Zeichen, dass ich diesen Brunnen gegraben habe.« Beerscheba heißt so viel wie Sieben- oder Eidbrunnen.

Bemerkung: Warum wird so ein Aufwand betrieben? Nach Kapitel 20,14-16 nahm Abime-

---

[2]Die Siebenzahl gilt als vollkommene göttliche Zahl. An sieben Tagen schuf der Herr Himmel und Erde.

lech Schafe, Rinder, Knechte und Mägde und schenkte sie Abraham. Er erhielt noch 1000 Silberstücke dazu. Nun sortierte Abraham sieben Lämmer aus, um sie Abimelech zu schenken. Übrigens soll er von den 1000 Silberstücken soll er die Begräbnisstätte Machpela bezahlt (mit 400 Silberstücke, Kap. 23,16). Abraham nahm die Tiere, die Abimelech ihm vorher geschenkt hatte und.

Als der Bund geschlossen war, machten sich Abimelech und Pichol auf und zogen in ihr Land. Abraham pflanzte noch eine Tamariske in Beerscheba; dann betete er den Herrn an. Er zog wieder in das Land der Philister. Er hielt sich lange Zeit dort als Fremder auf. Wie lange, das wird nicht gesagt.

Damit endet das 21. Kapitel. Abimelech wird nicht mehr König von Gerar genannt, sondern König der Philister (siehe Kapitel 26,1). Auch die Aussage: »lange Zeit« ist keine exakte zeitliche Bestimmung. Auch in Ägypten soll sich Abraham lange Zeit aufgehalten haben. Er nennt aber keine genau Zeit. Der Zeitbegriff war unbekannt.

ABRAHAMS OPFER

Das 22. Kapitel umfasst 24 Verse. Die Überschrift der EÜ ist nicht eindeutig. Nicht Abraham wird geopfert, sondern die vermeintliche Opferung Isaaks steht im Vordergrund. Die letzten vier Verse 20-24 gehören nicht mehr zum Kapitel. Es wird auf die Verwandtschaft Abrahams eingegangen. Es wird auf die Herkunft Rebekkas eingegangen. Sie ist die zukünftige Ehefrau Isaaks. In dem vorliegenden Stück spielen Frauen keine Rolle mehr. Die eigentlichen Personen sind Abraham, sein Sohn Isaak und zwei Jungknechte. Von anderen Personen oder Frauen, Knechten, Gold und Silber ist keine Rede mehr. Wo aber sind die Vieherden geblieben? Und wo sind die vielen Knechte und Mägde, die er gewonnen hatte? Das erinnert an Lot. Auch hier ist keine Rede mehr von Zelten, Tieren und Gehilfen! **Die Verse 1-2:**

Der Eingangstext: »Nach diesen Ereignissen« hier wird zurückgeblickt auf die Ortschaft Gerar. Dort hatte sich Abraham längere Zeit als Fremder aufgehalten. Dann will Gott Abraham prüfen. Der Herr spricht zu ihm: »Abraham.« Er sagte: »Hier bin ich.« Der Herr pflegt weiter zu sprechen: »Nimm deinen einzigen Sohn, den du liebt hast, den Isaak, geh in das Land Morija und opfere ihn dort.«[1] Der Erzähler sagt: »Geh auf den Berg Morija, den ich dir zeigen werde.« Der Berg Morija ist gleichbedeutend mit Zion (das ist die heutige Klagemauer). Zion heißt Burg. Auf dem Berg gibt es eine Burg. Dorthin soll gezogen werden.

Die Verse 2-6:

Am frühen Morgen machte sich Abraham

---

[1]Das Land Morija heißt wörtlich übersetzt »Gottessicht« und ist ein Berg in Jerusalem. Das geht aus 2.Chr 3,1 hervor: »Salomo begann, das Haus des Herrn in Jerusalem auf dem Berg Morija zu bauen, wo der Herr seinem Vater David erschienen war, an der Stätte, die David bestimmt hatte, auf der Tenne des Jebusiters Arauna.«

auf, spaltete Holz, lud es auf seinen Esel, nahm seinen Sohn und zwei seiner Jungknechte und sie machten sich auf den Weg. Von Gerar nach Jerusalem sind es rund 100 Kilometer. Nach drei Tagen Wanderung hob Abraham seine Augen auf und sah den Ort von Ferne. Nach weiteren Augenblicken sagte Abraham zu seinen Jungknechten: Bleibt hier zurück mit dem Esel. Ich und mein Sohn wollen weiter gehen und anbeten. Danach wollen wir wieder euch zurückkommen. Das Holz zum Brandopfer lud er auf seinen Sohn. Er selbst trug das Messer und den leicht entflammbaren Feuerzunder. Wenn Isaak das Holz getragen hat, muss er ein bestimmtes Alter haben. Er hätte bei sich gedacht: He alter Bock, wenn oder was willst du opfern? Pass auf, dass du nicht selbst geopfert wirst. Wo aber sind die vielen Knechte, Mägde und Tiere?

Die Verse 7-12:

Abraham sagte zu beiden Jungknechten nicht die ganze Wahrheit. Abraham wird als Prophet bezeichnet. Er will nicht anbeten, sondern wollte seinen Sohn opfern (Vers 2). Isaak fragte:

»Vater, hier ist das Holz, Feuerzunder und das Messer, wo aber ist das Lamm für das Brandopfer?« Abraham sagte daraufhin: »Gott wird für das Lamm sorgen.« Als der besagte Berg und die dortige Burg erreicht war, baute Abraham dort einen Altar, er schichtete das Brennholz auf, wollte seinen Sohn opfern, holte Feuerzunder und steckte das Ganze in Brand. Bevor das geschah, erscholl der Ruf des Engels des Herrn: »Abraham, Abraham« rief er. Abraham fragte, hier bin ich, was gibt es zu sagen?

Der Lufthauch, der zwischen dem Herrn und den Menschen besteht, erschien als Stimme, sie sagte: «Verschone deinen Sohn; denn nun weiß ich, dass du den Herrn liebst. Du hättest deinen einzigen Sohn nicht verschont um meinetwillen.» Anders betrachtet, hätte es Menschenopfer geben müssen, was bei den Kanaanäern üblich war. Abraham konnte es von ihnen abgeschaut haben. Abraham war bereit, Menschenopfer zu bringen und ihn durchs Feuer gehen zu lassen. Es heißt in:

Levitikus 18,21:

»Von deinen Nachkommen darfst du keinen für Moloch darbringen. Du darfst den Namen deines Gottes nicht entweihen. Ich bin der Herr.«[2] Moloch bedeutet eigentlich König und ist ein entstellter Beiname für Ba'al. Nach 2.Könige 23,10; Jer 32,35; Ezechiel 16,20-22 ist das Kinderopfer für Moloch zur Königszeit auch in Israel und Juda ausgeübt worden, wobei man Kinder »durchs Feuer gehen ließ«, d.h. verbrannte. Es gab sogar Kinderopfer. Sie konnten sich ja nicht wehren. So heißt es in Psalm 106,28 heißt es:: »Sie hängten sich an den Báal-Pegór und aßen die Opfer der toten Götzen.« (Es heißt wörtlich: »Die Opfer der Toten.«)

Auch hier liegt Vergleichbares vor: Psalm 106,37-38: »Sie brachten ihre Söhne und Töchter dar, als Opfer für die Dämonen. Sie vergossen schuldloses Blut, das Blut ihrer Söhne und Töchter, die sie den Götzen Kanaans opferten; so wurde das Land durch Blutschuld entweiht.«

Die Verse 13-19:

Nach diesen Ereignissen steht ein Widder

---

[2]Kinderopfer waren in außerordentlichen Notsituationen bei den Kanaanitern üblich.

vor ihnen. Er hatte sich mit seinen Hörnern im Gestrüpp verfangen. Abraham ging mit seinem Messer hin und schnitt ihm die Kehle durch. Hätte das Tier mit seinen Hörner nicht im Gebüsch verfangen und wäre frei umher gelaufen, hätte es Abraham auf die Hörner genommen. So wäre er selbst zum Opfer geworden.

Dann rief der Engel des Herrn zu Abraham zum zweiten Mal. Spruch des Herrn: »Weil du das getan hast, deinen Sohn mir nicht vorenthalten hast, will ich dir Segen schenken in Hülle und Fülle.« Dann folgen die übliche Worte, die bereits an anderer Stelle gesagt wurden.

Die Jungknechte haben gewartet, bis Abraham mit seinem Sohn zurückkehrte. Dann zogen sie nach Beerscheba. Abraham blieb dort bis zu seinem Lebensende wohnen. Von der vermeintlichen Opferung Isaaks ist keine Rede mehr. Er selbst erwähnt das mit keinem Wort. Man könnte fragen, wozu dient der Artikel. Soll Abrahams Gehorsam im Vordergrund stehen?

Abrahams Verwandtschaft:

Die Verse 20-24:

Der erste Vers: »Es geschah nach diesen Begebenheiten, da meldet man Abraham: Auch Milka hat deinem Bruder Nahor Söhne geboren.« Es sind:

1. Uz, der Erstgeborene; Hiob wohnte im Land Uz

2. Bus, sein Bruder Jeremia 25,23, Mann mit gestutztem Bart

3. Kemuël, Vater von Aram, die heutigen Syrer

4. Kesed Nach ihm wurden die Casidim benannt

5. Haso möglicherweise Hazu, soll bei Aserhaddon erwähnt sein

6. Pildasch arabisch Spinne ?

7. Jidlaph schlaflos sein, weinend

8. Betuel, der Vater von Rebekka Ort Betul, Josua 19,4, Nachsilbe »el« = Gott

(Alle obigen Zusätze und Anmerkungen wurden aus dem Bibellexikon entnommen.)[RM]

Zur Aufzählung: Der Name Nahor ist sowohl Abrahams Bruder als auch der beiden Großväter. Da aber Männer Nachkommen zeugen, aber nicht gebären können, müssen Frauen vorhanden sein. Aber Frauen spielen die zweite Geige.

Dann wird die Zweitfrau Nahors mit Namen Reuma ins Spiel gebracht. Auch sie bekam Söhne. Es sind Tepach, Gaham; Tahasch und Maacha Man hätte auch hier die Zahl 7 erwartet.

Zusätze:

• Der Name »Aram« findet sich erstmals in einer Inschrift des akkadischen Königs Naram-Sin aus dem 23. Jahrhundert v.Chr. Dort diente sie als Ortsbezeichnung. Seit mittelassyrischer Zeit ist der Begriff »Aramäer« eine Sammelbezeichnung für verschiedene Nomadenstämme angeführt, die wahrscheinlich seit dem 13. Jahrhundert v.Chr. von Westen her nach Nordmesopotamien einzogen sind. Im Zuge der jahrhundertelangen Konflikte mit den altorientalischen Völkern und einer teils schnelleren, teils langsameren Sesshaftwerdung dürfte es im Laufe der Zeit zu einer Angleichung von Sprache und

Sitten der verschiedenen aramäischen Stämme gekommen sein.

- »Die Aramäer sind eine semitische Völkergruppe, die seit der ausgehenden Bronzezeit in Syrien und Nordmesopotamien mehrere Königreiche wie Aram (Damaskus), Arpad (Aleppo) und Hamath (Hama) gründeten, die später meist unter die Herrschaft des Neu-assyrischen Reiches gerieten. Durch Umsiedlungen und generelle Bevölkerungsverschiebungen in neuassyrischer Zeit wurde die aramäische Sprache mehr und mehr zur Verkehrs- und Diplomatensprache im Vorderen Orient, sowie unter den Parthern, Seleukiden und Römern. Sie wurde zur Amtssprache des neu-assyrischen und des babylonischen Reichs. Seit parthischer Zeit (im 3. Jahrhundert v. Chr.) sind die aramäischen Einzelstämme nicht mehr zu unterscheiden.«[Wik]

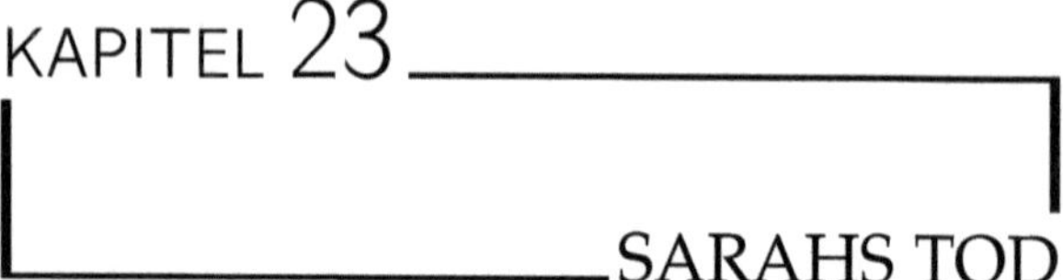

KAPITEL 23

SARAHS TOD

Seit der Geburt Isaaks ist es still um Sarah geworden. Jetzt wird ihr Ableben erzählt. Der Tod kommt schnell und wird in aller Kürze beschrieben. Das Begräbnisritual dauert etwas länger. Sie starb in Hebron im Land Kanaan, als sie 127 Jahre alt geworden war. Warum starb Sarah dort, wo Abraham in Beerscheba wohnte? Der Tod könnte ihm gemeldet worden sein. Wer der Mittler der Todesnachricht war, wird nicht gesagt. Es ist aber anzunehmen, dass es Schriftkundige waren, die den Tod haben wollten. Sarah starb mit 127 Jahren, Ismael wurde 137 Jahre alt (Gen 25,17). In beiden Fällen haben wir es mit Zahlenmystik zu tun. Die jüdischen Gelehrten waren Meister darin.

E. Jehuda ben Pasi sagte im Namen seines Vaters, der im Namen R. Samuel bar Nachman sprach: »Was war der Grund, um über 127 Provinzen zu herrschen?« Vielmehr war es so: Der Heilige, gepriesen sei er, sagte: »Er wird Ester zur Frau nehmen, die eine von den Kindeskindern Saras ist, die 127 Jahre alt wurde, und deshalb soll sie über 127 Provinzen herrschen.«

Das hatten die hohen Herren der jüdischen Schreiber gekonnt formuliert. Esther lebte während der Herrschaft des persischen Königs Xerxes I. (485 - 465 v.Chr.).

Es gibt zu 127 und zu 137 Jahren interessante Auslegungen:

Die Zahlen 127 und 137 sind Primzahlen. Außerdem ist es der numerische Wert des hebräischen Wortes »Kabbalah« (auch geschrieben) 137. Diese Zahl ist auch der numerische Zahlenwert der Summe von zwei wichtigen Wörtern, die sich auf die Kabbalah[Kab] beziehen: »Weisheit« 3 = 73 und »Prophetie« 4 = 64. Die Summe ergibt die Zahl 137. Kabbalah bedeutet Überlieferung und ist die Vereinigung von Weisheit und Prophetie. Solche Überlegungen werden die hohen Schulen des Judentums im Sinn gehabt haben.

»Die Zahl 137 ist eines der größten und verdammten Mysterien der Physik: eine magische Zahl, die zu uns kommt, ohne dass sie jemand versteht. Man könnte sagen, die Zahl wurde von Gott geschrieben, um uns zum Narren zu halten«, sagte Richard Feynman. Und Feynman weiter: » Alle Wissenschaftler der Welt sollten sich einen Zettel mit der Zahl 137 über die Tür nageln, um jederzeit daran erinnert zu werden, wie wenig wir über die innere Natur unserer Welt wüssten«[MK].

Sarah wurde 127 Jahre alt. Das ist 10 Jahre jünger oder 2 x 5 Jahre als das Alter Ismaels. Zufall und Notwendigkeit. Die Frage, warum Abraham nicht in der bekannten Umgebung (Sichem und Hebron) wohnen blieb und nach Beerscheba (Negev) zog, kann nur andeutungsweise beantwortet werden. Es sei an den Feldzug nach der Ortschaft Dan erinnert. Von dort nach Beerscheba werden es rund 250 Km gewesen sein. Die jüdischen Autoritäten hatten die Größe des Landes im Blickfeld. Das entspricht der Größe während der Zeit des babylonischen Exils. Das entspricht auch dem Weg vom hohen Norden bis tief in den Süden.

Nachdem Abraham Sarah beweint hatte, suchte er für sie ein Begräbnisort. Zu diesem Zweck ging er von der Toten weg und redete mit den Hetitern. Das ist ein Volk, das in der Bibel genannt wird. In Genesis 10,15 ist zu lesen:»Kanaan zeugte Sidon, seinen Erstgeborenen, und Het...« (siehe auch 1.Chr 1,13). »Abraham sagte, ich bin ein Fremdling und Einwohner ohne Bürgerrecht bei euch. Gebt mir ein Erbbegräbnis, dass ich meine Tote würdig begraben kann.« Einer der Hetiter sagte: »Du bist ein Fürst Gottes unter uns. Wir wollen deine Bitte nicht abschlagen.« Abraham sagte daraufhin: »Tretet für mich bei Efron ein, dem die Höhle bei Machpela gehört. Ich will sie ihm abkaufen.« Efron, offenbar ein reicher Mann, saß mitten unter den Hetitern. Abraham sagte: »Ich kaufe dir die Doppelhöhle und den Acker ab.« So konnte die Höhle ohne Hemmnisse von Abraham betreten werden. Man einigte sich auf 400 Schekel Silber (etwa 4,6 kg) nach handelsüblichen Gewicht. So wurde der Acker

und Höhle um Machpela, die Mamre gegen-
überliegt, innerhalb seiner Grenze Eigentum
Abrahams. Die Hetiter bestätigten den Kauf.

Isaak und Rebekka

Das 24. Kapitels berichtet vom Leben Abrahams im vorgerückten Alter. Im Vers 1 heißt es:
»Abraham war alt und hochbetagt.« Er schickte
seinen Großknecht Elieser los, um eine Ehefrau
für seinen Sohn Isaak zu holen. Er soll nach
Harran reisen, wo er selbst gelebt hat. Zehn Kamele sind mit kostbaren Geschenken beladen
(Vers 10). Er macht sich auf den Weg und findet Rebekka bei einem Wasserbrunnen. Nach
weiteren Tränken und Trinken aus Tonkrügen,
zeigte es sich, dass Rebekka die spätere Ehefrau
Isaaks wurde. Obwohl der Tod Sarahs längst
eingetreten ist, führte Isaak Rebekka in das
Zelt Sarahs. Das wird als Trost für ihre leib-
liche Mutter bezeichnet. Es zeigte sich auch,
dass das Suchen von Wasser und Wasserquel-
len damals bekannt und geläufig war. Das hält
bis heute an, ohne ins Detail zu gehen.

Abrahams dritte Ehe

Das 25. Kapitel enthält fünf Abschnitte, von denen nur zwei von Belang sind. Die erste erzählt von Abrahams dritter Ehe. Es sind die Verse 1-11. Der zweite Abschnitt berichtet von seinem Ableben. Das sind die Verse 12-18. Die Berichte wurden von hohen jüdischen Gelehrten der Schreibschulen am Euphrat in Nehardea, Sura und Pumbedita.[Sch] verfasst.

Verse 1-4:

Abraham nahm sich noch eine andere Frau mit Namen Ketura. Es ist die Rede von der dritten Frau des Patriarchen. Die erste Frau war bekanntlich Sarah, die zweite Frau war Hagar. Da aber bei der Geburt Isaaks die beiden Eheleute gelacht haben, weil sie selbst nicht mehr an eine späte Geburt glauben. Bekanntlich lachte Sarah in sich hinein. Aufgrund ihrer beiden Alter hielten sie es für unmöglich, Kinder zu gebären. Damit liegt es nahe, dass Abraham Ketura als Weib bereits in Harran gehabt habe. Es wird nicht gesagt, ob die Söhne beschnitten wurden. Die Söhne sind:

1. Simran

2. Jokschan
3. Medan
4. Midian
5. Jischbak
6. Schuach

Im Kapitel 37,23-28 wird der Mord an Josef beschrieben. Sie warfen Josef, ein Sohn Jakobs, in einen leeren Brunnen. Dann kam eine Karawane von Ismaeliter aus Gilead vorbei. Ihre Kamele waren beladen mit Tragakanth (Gummi aus dem Saft von Bäumen), Balsam (Heilkräuter) und Ladanum (Räucherwerk). Zur gleichen Zeit kamen midianitische Kaufleute hinzu. Sie zogen Josef aus dem Brunnen und verkauften ihn für 20 Silberstücke an die Ismaeliter. Diese handelten in Ägypten. Sie waren in Midian beheimatet und verkauften ihn auf dem dortigen Sklavenmarkt.

Bei der Geburt Isaaks gab es für die Söhne Keturas keinen Platz im Familienverband. Abraham schickte sie mit Geschenken ins Morgenland. Das Land Midian verweist auf den Sohn Keturas. Die Stadt Kedar geht auf einen Sohn Ismaels zurück. Das betreffende Land und Stadt liegt östlich vom Roten Meer. Damit endet das Kapitel

Abrahams Tod und Begräbnis:

Verse 7-11:

Der Tod Abrahams wird in kurzen und knappen Worte beschrieben. Seine Lebensjahr wird mit 175 angegeben. Zu seinem Lebensalter wurde bereits einiges gesagt. Seine Söhne Isaak und Ismael begruben ihn dort im Familiengrab in Machpela. Als die Trennung zwischen Ismael und Isaak vollzogen war, hätte man meinen können, die beiden Halbbrüder hätten sich nicht mehr gesehen. Ismaels Alter wird mit 90 Jahren angegeben. Isaak war demnach 76 Jahre alt. Dann wird der Segen Gottes hervorgehoben. Isaak wohnte beim Brunnen des Lebendigen, der mich sieht (Lahai-Roï; Gen 16,14).

Die Beerdigung Isaaks, die in Genesis 35,27-29 mit bescheidenen Worten beschrieben wird, geschah durch die bislang feindlichen Brüder Esau und Jakob. Auch das hätte man nicht erwarten können. Isaak wurde 180 Jahre alt. Wie sprach Sahib ben Mustafa: »Wisset ihr nicht, dass die Hohen Persiens ihre feierlichen Gewänder 180 Tage lang trugen?« (Esther (1,4).

Der Tod Josefs wird in Genesis 50, 1-12 mit eindrucksvollen Worten beschrieben. Josef war Wirtschaftsminister im ägyptischen Königreich. Die Wagen aus dem Hause Pharaos zogen mit vielen Reitern zur Höhle Machpela. Als er mit 110 Jahren starb, balsamierte man ihn ein, legte ihn in Ägypten in einen Sarg.

Der Stammbaum der Ismaeliter:

Verse 12-18:

Sie Söhne Ismaels sind:

1. Nebajot
2. Kedar
3. Abdeel
4. Mibsam
5. Mischma
6. Duma
7. Massa
8. Hadad

9. Tema
10. Jetur
11. Nafisch
12. Kedma

Zwölf Söhne sind auch zwölf Stammbäume: das sind die Namen, die sie in Siedlungen und Zeltlagern trugen. Ismael wurde 137 Jahre alt. Er wurde von seinen Söhnen begraben. Es ließen sich einige weitere Zusätze anbringen. Wesentlich ist dies: Das Buch Genesis handelt von den Söhnen Noahs Sem, Ham und Jafet. Geht dann über Ur, Harran und Kanaan. Abraham, Lot, Sarah, Ismael, Isaak, Rebekka und Josef. Das Schreiben der Tora wäre ohne die Vätergeschichte nicht möglich.

RÜCKBLICKE UND AUSBLICKE

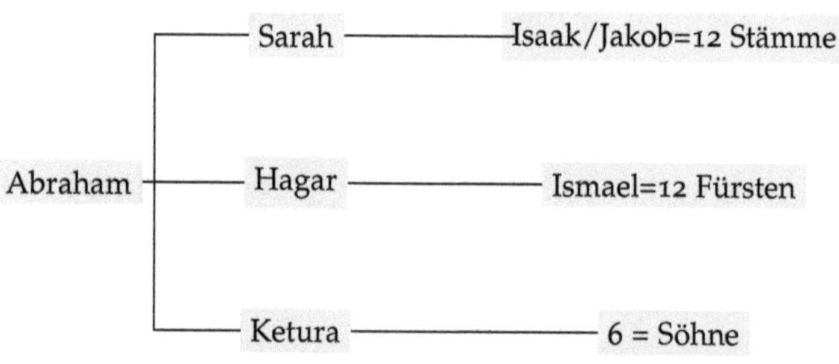

Tabelle A.1. Der Stammbaum Abrahams

Einblicke:

Der gezeichnete Lebensbaum zeigt grafisch die verschiedenen Söhne, Nachkommen und Erben Abrahams an. Der Stammbaum geht von Abraham selbst aus. Er steht an vorderster Stelle. Seine Frau Sarah steht an erster Stelle der Gliederung. An zweiter Stelle steht die Magd Hagar. Die dritte Stelle nimmt die Frau Ketura ein. Hier sind vor allem ihre Söhne Midian und Dedan zu nennen. Schaut man sich die einzelnen Zahlen genauer an, fällt einem sofort die Kombination von 2 x 12 und 1 x 6 ins Auge. Das wird kein Zufall sein. Durch die Gegenüberstellung von Zahlen, Orten und Zeiten hat der Sachverhalt plastischen Charakter bekommen.

Zur Geschichte der Frau Ketura kann man nur Vermutungen anstellen. Abraham, der zunächst Abram oder Abu-Ram hieß, wird Ketura als Frau bereits in Harran gehabt haben. Diese Überlegung geht von der bekannten Differenz von 60 Jahren aus. Hinzu kommt eine weitere Schlussfolgerung: Nach der Bibel hatte Abraham mit 86 Jahren einen Sohn mit Namen Ismael gezeugt. Er wird aber nicht 86 Jahre lang keusch und enthaltsam gelebt haben. Deshalb kann es als wahrscheinlich gelten, dass Abraham in Harran eine oder mehrere Frauen gehabt und mit ihnen Söhne und Töchter gezeugt hat. Diese Söhne waren für die

Versorgung der alten Leute erforderlich gewesen sein. Diese These wird durch den folgenden Bibelvers gestützt: **Genesis 18,12** »Auch ist mein Herr schon ein alter Mann.« Deshalb wird Abraham seine Nachkommen bereits in Harran gehabt haben. Sein Enkel Jakob hatte zwei Frauen und zwei Mägde, mit denen er insgesamt 12 Söhne zeugte (vgl. Genesis 29 ff). Das könnte bei Abraham nicht anders gewesen sein.

Überblicke zu den einzelnen Abschnitten:

Zum Vorwort:

- Die Urgeschichte ist vorbei, die Vätergeschichte beginnt. Einer der ersten Stammväter des Judentums trägt den Namen Abraham.
- Der israelische Archäologe Israel Finkelstein hat zum Leben Abraham weder Schriften, noch Stele, noch irgendwelche Hinweise gefunden.[FS02] Er hatte hier maßgeblichen Einfluss gehabt.
- Zeitlich davor hatte der Bibelwissenschaft-

ler Julius Wellhausen (1844 -1918) großen Einfluss auf die Bibelkritik ausgeübt. Er sprach von alttestamentlichen Personen, die eine Projektion späterer Epochen gewesen seien.

- Wenn es die in der Bibel beschriebene Stammväter nicht gegeben hat, man aber trotzdem über Land und Leute schrieb, dann sollte der Eindruck entstehen, man würde von alten Zeiten, Orten und Personen sprechen. So wurden aktuelle Ereignisse zeitlich zurückdatiert.

- Bei allen Orten, Personen und Erzählungen hatten jüdische Gelehrte ihre Hände im Spiel.

- Das Zikkurat in Ur ist keine Wohnstätte für einfache Menschen. Hier wurde die Mondgöttin Nannah bzw. Sin angebetet.

- **Zum 10.Kapitel:**

  - **Alte Reiche und historische Personen:**

Die Söhne Noahs sind Sem, Ham und Japhet. In diesem Kapitel ist von Abraham noch keine Rede. Da aber der erste Sohn Noahs Sem als letzte Person angeführt wird, dient das als

Übergang, um die Vorfahren Abrahams auf Sem zu platzieren. Hierzu gehören die Semiten und die Antisemiten dazu. Ernest Renan und Christian Lassen haben Juden Semiten genannt. Die Stammväter Abrahams: Nahor war 29 Jahre alt, als er Terach zeugte. Terach war 70 Jahre alt, als er Abraham, Nahor und Haran zeugte.

Vers 31: Terach nahm Abraham, Sarah und Lot, um ins Land Kanaan zu ziehen, sie zogen aber hinauf nach Harran.Abraham hatte immer die Hauptrolle inne. In der Völkertafel (Kap.10) ist von den drei Söhnen Noahs und seinen Nachkommen die Rede. Von Abraham wird erst ab Kapitel 11, 10 erzählt.

• **Zum 11.Kapitel:** Hier wird der Turmbau von Babel beschrieben. Damit verbunden ist die Sprachverwirrung. Der Turm soll in den «Himmel» gereicht haben. Das ist auch heute keine Seltenheit. Die Superreichen wohnen hoch oben undverwenden ihre eigene Sprache.

• **Zum 12.Kapitel:**

Von Sem aus gerechnet ist es die 9. Generation, bis Abraham erwähnt wird. Terach nahm seinen Sohn Abraham, Sarah, Lot, sie wollten nach Kanaan ziehen, zogen hinauf von Ur nach Harran.

In den zwei Erzählungen wird geschildert, wie Abraham nach dem Tod seines Vaters nach Kanaan gezogen sein soll. In einem anderen Bericht wird die Reise Abrahams mit Sarahs und Lots nach Ägypten berichtet. Ohne zu sagen, wer der Pharao war und wo er seinen Herrschersitz hatte.

1. Abraham war 75 Jahre alt, als er in Kanaan ankam.
2. Vers 2: Ziehe aus deinem Vaterhaus, aus deiner Verwandtschaft in ein Land, das ich dir zeigen werde (Kap. 11,31).
3. Vers 3: Die Schreibschulen: Ich will dich zu einem großen Volk machen, dich segnen. Sollte es Leute geben, die dich nicht segnen, die seien verflucht.
4. Verse 4-6: Abraham zog mit seiner Frau und Lot, seines Bruders Sohn, nach Kanaan. Als sie dort ankamen, durchzogen sie das Land bis zur Orakeleiche in Sichem (Stätte der Weissagung). Damals

herrschten verschiedene Stämme der Kanaaniter im Land.

5. Sie sprachen kanaanäisch. Wie sich Abraham mit den Leuten verständig hat, wird nicht gesagt.

6. Verse 7-9: Der Herr erschien Abraham. Er sprach: Dieses Land will ich dir und deinen Nachkommen geben. Allerdings hatte Abraham nur zwei Söhne. Die Söhne mit Ketura zählen nicht, sie wurden ja mit Geschenken jenseits des Jordans geschickt. Der Stammvater der Juden zog von Sichem nach Süden und kam in Bet-El an. Die Ortschaft ist erst bei Jakob entstanden. Bet-El heißt: Das Haus Gottes und war ein Steinhaufen, auf dem Jakob Öl träufeln ließ, woraus das Gotteshaus wurde (Gen 28,18-20).

7. In Bet-El baute Abraham wieder einen Altar. Vor dem Steinhaufen stand Abraham und rief Gott an. Dann baute der Stammvater sein Zelt auf: Der Eingang zeigte nach Bet-El und die Rückwand war nach Ai ausgerichtet. Ai wird erst bei Josua erwähnt. Das ist gleichbedeutend mit

Trümmerhaufen (Josua 8,28). Dann zog er dem Süden entgegen.

Abraham und Sarah in Ägypten:

Wegen einer Hungersnot, die nur seine Sippe betraf, zog Abraham nach Ägypten. Ob der Erzvater Vieherden hatte, die kein Futter mehr fanden, davon ist nichts bekannt. Als sie sich Ägypten näherten, sagte Abraham zu seiner Frau: »GAbraham hatte immer die Hauptrolle inne. In der Völkertafel (Kap.10) ist von den drei Söhnen Noahs und seinen Nachkommen die Rede. Von Abraham wird erst ab Kapitel 11, 10 erzählt. Von Semebe dich als meine Schwester aus, ich fürchtetet um mein Leben.«

Sarah wird als schöne, attraktive und gediegene Frau beschrieben. Als der Pharao sie zur Frau nahm, kommt es bald zu Plagen und Geschwüren. Aus dieser misslichen Lage konnte er sich nur befreien, als er Abraham zahlreiche Tiere, Mägde und Knechte gab, mit der Aufforderung, das Land zu verlassen. Unter den Mägden könnte auch Hagar gewesen sein. Der ägyptische Herrscher bekam alle Nachteile – Abraham wurde mateiell reich beschenkt.

● Zum 13.Kapitel:

Es wird die Trennung von Lot beschrieben. Als Ursache gilt der große Besitz an Vieh. Beide Männer waren zu materiellen Reichtum gekommen. Dann wird die Generosität Abrahams erwähnt. Er ließ seinem Enkel freie Wahl. Es heißt: »Gehst du zur Rechten, gehe ich zur Linken.« Lot entschied sich für die fruchtbaren Jordansauen. Dort gab es reichlich Futter und Wasser. In diesem Zusammenhang wurden die Ortschaften Sodom und Gomorra erwähnt. Dabei wurde die sündige Lebensweise der Bewohner herausgestellt. Abraham wählte das unwirtliche Bergland. Der vermeintliche Nachteil wurde durch Landzusage ins Gegenteil gesetzt. Abraham zog weiter, aber nicht nach Sichem, sondern zu der Terebinthe Mamre.[1] Dort waren auch die drei amoritischen Brüder zugegen. Wenn die Ortschaften Sodom und Gomorrha voller Sünde waren, warum hatte Abraham Lot nicht gewarnt?

● Zum 14.Kapitel:

Es werden Kriegsheere beschrieben. Auf der

---

[1]Aus den Hölzern wurden Götterbilder angefertigt.

einen Seite stehen die Heere von Kedor-Laomer und seine Verbündeten, dem stehen die Leute Abrahams entgegen. Dazu gesellten sich auch die Soldaten der amoritischen Brüder Aner, Eschkol und Mamre. Die Könige von Sodom und Gomorra sollen auch Leistungen erbracht haben. Nachdem das Bündnis ganze Landstriche verwüstet hatte, wird auch beschrieben, wie Lot und seine Sippe gefangen genommen wurden. Das Heer Abrahams zog dem feindlichen Heer entgegen. Kurz vor Damaskus wird die Vierer-Bande gestellt. Als das Kampfgeschehen vorbei war, steht der kanaanitische Priester Melchisedek im Vordergrund. Die Beute wird verteilt, wobei der Priester Gottes den 10. Teil von der besten Beute bekam. Die anderen Teile wurden unter den Mitstreitern verteilt. Der König von Salem brachte Brot und Wein heraus. Damit wird Abraham gesegnet. Der König von Salem gilt als der ohne Geschlechtsregister. Der Ort hieß später Jerusalem.

• Zum 15.Kapitel:

Das Kapitel ist von religiöser Bedeutung. Aus den Chaldäern werden Aramäer und aus

Abram wird der Stammvater des jüdischen Volkes. Das Judentum beginnt mit Abraham. Allerdings konnte er von Juda nichts wissen. Das Judentum geht auf die Person Juda zurück.

In der weiteren Erzählung kommt es zu einem seltsamen Vertrag. Es werden bestimmte Tiere angeordnet. Ein tiefer Schlaf wird erwähnt. Es kommt zu verschieden Visionen. Diese Ereignisse stehen mit vierhundert Jahre in Verbindung. Alle Berichte wurden im Nachhinein geschrieben. Bevor das Kapitel endet, steht ein Zahlenspiel im Vordergrund Die 400 Jahre stehen im Einklang mit der vierten Generation. Das geht mit der Schuld der Amoriter einher. 400 Jahre und die 4. Generation sind ein weiteres Beispiel mythologischer Zahlen.

Nach dem biblischen Bericht wurde Abraham mit 100 Jahren zum zweiten Mal Vater. Die besagte vierte Generation konnte erst dann ins Land Kanaan ziehen, wenn der Stamm der Amoriter besiegt worden ist. Zu den Amoritern gehören die Brüder Aner, Eschkol und Mamre. Abraham ging bei den Brüdern ein und aus.

Das zukünftige Land soll vom Grenzbach

Ägyptens (Wadi el Arish) bis zum Strom Euphrat reichen. Zeitlich gesehen vorher war das Land so groß, als die vier Himmelsrichtungen nicht ausreichten, um die Größe Land auszumessen (vgl. 13,14-15).

• Zum 16.Kapitel:

Es wird die Geburt Ismaels beschrieben. Sarah gilt immer noch als kinderlos, kommt aber durch ihre Magd Hagar zu einem Sohn. Die Beziehung Sarah → Hagar ist nicht ohne Beigeschmack und endet mit einem Eklat. Sarah ist die Herrin, Hagar die Magd. Diese floh wegen der harten Behandlung Sarahs in die Wüste nach Schur. Zeitlich später wanderte Abraham in diese Gegend. Als Hagar an einem Brunnen weilte, wird die Stimme eines Engels laut. Hagar wusste um verschiedene Brunnen. Der Engel pflegt zu sprechen: »Sie soll zur ihrer Herrin zurückkehren.« Nimmt sie das Angebot an, wird ihr Sohn zu einem Volk von 12 Fürsten werden. Als Ismael geboren wurde, war Abraham 86 Jahre alt und Sarah demnach 76 Jahre. Das ist deshalb wichtig, weil mit dem 20. Kapitel die Ahnfrau dem König der Philister nochmals als Weib angeboten wurde. Obwohl bereits im vorgerückten Alter, wird sie noch immer als attraktiv beschrieben.

• Zum 17.Kapitel:

In diesem Kapitel geht es um Beschneidung (Zirkumzision). Die Ausführung ist an Rigorosität kaum zu überbieten. Männliche Kinder sollen mit dem achten Tag beschnitten werden. Das Judentum dürfte die Beschneidung aus Ägypten mitgebracht haben. Warum aber wurde Abraham erst mit 99 Jahren beschnitten und Ismael mit dem 13.Lebensjahr? Die Beschneidung wird sogar als Bundeszeichen verstanden. Dieser Bund besteht in der Zusage von Land und Leuten. Dann kommt es zur Umbenennung des Ehepaars; aus Abram (Abu-Ram) wird Abraham und aus Sarai Sarah. Die Beschneidung gilt als der innere Zusammenhalt des jüdischen Volks. Wer sich nicht beschneiden lässt, soll aus der Stammesverband ausgeschlossen werden. Es dürfte die Beschneidung auf Ägypter, Juden und Moslems beziehen.

• Zum 18.Kapitel:

Das Kapitel enthält zwei Erzählungen. Die eine Aussage kündigt die Geburt eines weiteren Sohnes an. Die andere beschreibt die Ankündigung der Vernichtung der beiden Städte Sodom und Gomorra. Es wurde die Frage gestellt, ob es die beiden Orte wirklich gegeben hat. In der ersten Erzählung werden drei Männer angeführt. Einer davon ist der »Herr«. Diese drei Männer werden Wanderprediger gewesen sein. Solche Dienste werden auf eine warme Mahlzeit gewartet haben. Die drei Männer gehen später in zwei Männer über. Die Szene spielte sich des Nachts ab.

Bei den Männern handelt es sich auch um Engel.[2] Dann aßen und tranken sie, nachdem sie sich vorher die Füße gewaschen hatten. Bei der Detailerzählung, die die Person Lot betrifft, gehen Die drei Männer in zwei Männer und zwei Engel über. Sie pflegen auch zu essen und zu trinken. Die zwei Personen sind Lot und seine Frau. Von der Geburt eines Kindes wird nichts gesagt. Bevor die Vernichtung der beiden Städte eintrifft, geht es um einen Handel von Abraham mit Gott. Der Handel hört be-

---

[2]Im Talmud (Belehrung) soll es heißen: »Sie taten bloß, als ob sie äßen.«

kanntlich bei der Zahl zehn auf.

• Zum 19.Kapitel:

Es wird die Vernichtung der beiden Städte Sodom und Gomorra beschrieben. Dabei ist es nicht erwiesen, ob es die beiden Orte wirklich gegeben hat. Es wurde auch ein verkürzter Bericht der »Frankfurter Allgemeinen Zeitung« erwähnt. Der israelische Geophysiker Zwi Ben-Avraham meinte, es können viele in der Bibel erwähnten Katastrophen auf Erdbeben beruhen.

• Zum 20.Kapitel:

Der Besuch Abrahams und Sarahs bei dem Philisterkönig Abimelech fand in der Ortschaft Gerar statt. Dann kommt es zu dem Ereignis, das bereits in Ägypten erzählt wurde. Sarah, die nicht jünger geworden ist, wird noch als attraktiv beschrieben. Abraham hatte vorher keinen Kontakt mit dem König von Gerar gehabt. Die Schreibschulen stellten den Kontakt her. Es kommt es zum Eklat. Wie in Ägypten der Pharao alle Nachteile auf seiner Seite hatte, gilt das auch hier. Abraham bekam Schafe, Rinder und sogar 1000 Silberstücke. Er damit die Grabstätte in Machpela bezahlen.

• Zum 21.Kapitel:

Es wird die Geburt ihres gemeinsamen Sohnes beschrieben. Dieser Sohn erhielt den Namen Isaak. Mit dem 100. Lebensjahr Abrahams geschah das. Die Beschneidung, die Entwöhnung von der Mutter (oder Amme), die Veranstaltung eines Festmahls, da wird erzählt. Mit fortschreitender Erzählung kommt es zu Unstimmigkeiten. Der Altersunterschied zwischen Ismael und Isaak beträgt bekanntlich 14 Jahre. Es ist vom »Herumtollen« und »Spotten« die Rede. Hagar und Ismael, der noch ein Knabe zu sein hat, obwohl er ein junger Mann war, werden aus der Gemeinschaft ausgeschlossen. Er hat seine Mutter unterstützt.

Ein Mittelpunkt der Ereignisse ist Sarah. Sie richtete ihrem Mann gewissermaßen die Pistole auf die Brust. Für Abraham gibt es keine Alternative. Hagar und Ismael gingen in die Wüste nach Paran. Sie ist aber nicht so unwirtlich, wie es sich anhört. Die Geburt Isaaks umfasst acht Verse. Die Erzählung der Vertreibung Hagars umfasst nur zwei Verse. Als Isaak geboren wurde und Hagar mit ihrem Sohn aus dem Stammesverband ausgeschlossen wurde, wird von Sarah nichts mehr erzählt. Nur von ihrem Tod wird berichtet.

- **Zum 25.Kapitel:**

Zwischen dem 23. und 25. Kapitel liegt das 24. Der Knecht Abrahams Eliëser wird mit Geschenken losgeschickt, um in Harran für Isaak eine Frau zu holen. In langen Ausführen wird die Reise Rebekkas nach Kanaan geschildert.

Das Kapitel enthält mehrere Erzählungen, von den nur die ersten zwei von Bedeutung sind.

Die ersten sechs Verse berichteten von sechs Söhnen Abrahams mit der Frau Ketura. Mit Vers sieben wird der Tod Abrahams erzählt. Er wurde 175 Jahre alt und wurde von seinen Söhnen, Ismael und Isaak, in der Höhle Machpela begraben. Der kleine Abschnitt endet mit dem Segen Gottes für Isaak.

Einige Hintergründe:

Das Leben Abrahams konnte nicht in allen Nuancen betrachtet werden. Es ist in der Regel von einer späteren Verfasserschaft auszugehen. Das Buch »Keine Trompeten vor Jericho.«[FS02], hatte zu Person Abraham keine Stele, keine Inschriften gefunden. Sie sprachen von der vergeblichen Suche nach den Erzvätern. Dem Text ist anzusehen, das gelehrte Juden und ihre Schreibschulen ihre Hände im Spiel hatten. Die vielen Erzählungen, landauf landab, gilt es, das zukünftige Land für Israel zu beanspruchen.

Während der Herrschaft des chaldäischen Königs Nebukadnezar wurde der erste Tempel zerstört. Nach dem Aufbau des zweiten Tempels wurde dieser durch die Römer zerstört. Dafür wurden Versammlungshäuser und Synagogen gebaut.

Im Alten Testament gibt es einige Bibelverse, die von der Zerstreuung des Judentums sprechen. Hier nur eine kleine Auswahl:

1.Könige 14,15:

Der Herr wird Israel schlagen, dass es schwankt wie das Rohr im Wasser, und er wird Israel aus diesem guten Land, das er den Vätern gegeben hat, ausreißen und es jenseits des Stromes zerstreuen, weil sie sich Kultpfähle gemacht und ihn dadurch erzürnt haben.

Hesekiel 20,23-24:

»Doch schwor ich ihnen in der Wüste, dass ich sie unter die Heidenvölker zerstreuen und in die Länder versprengen würde, weil sie meine Rechtsordnungen nicht befolgt und meine Satzungen verworfen hatten und meine Sabbate entheiligt und ihre Augen nach den Götzen ihrer Väter gerichtet hatten.«

Jeremia 9,6-8:

»Darum spricht der Herr der Heerscharen so: Siehe, ich will sie schmelzen und läutern; denn wie sollte ich anders umgehen mit der Tochter meines Volkes? Ihre Zunge ist ein tödlicher Pfeil, Lügen redet sie: Mit dem Mund redet man Frieden mit seinem Nächsten, aber im Herzen legt man ihm einen Hinterhalt. Sollte ich sie wegen dieser Dinge nicht strafen? spricht der Herr, und sollte sich meine Seele an einem solchen Volk nicht rächen?«

In Elephantine gab es schon vor dem Jahr 525 v. Chr. eine jüdische Kolonie, die einen eigenen JHWH-Tempel mit Opferkult hatte. Die erhaltenen reichsaramäischen Dokumente dieser Kolonie sind in der Zeit von 495-399 v. Chr. verfasst worden und geben wichtige Informationen über die Diasporajuden im 5.vorchristlichen Jahrhundert im Perserreich, aber auch Einblicke in die Verwaltung des Achämenidenreichs. Es handelt sich teilweise um private Schriftstücke wie Kreditverträge und Heiratsurkunden, aber auch um offizielle Korrespondenz mit der persischen Verwaltung in Susa, mit den Satrapen in verschiedenen achämenidischen Provinzen und mit den Priestern am Jerusalemer Tempel. Es wurden in Elephantine jedoch keinerlei Teile des Tanach gefunden.

Ausblicke:

Paulus:

Der Apostel Paulus war der Theologe des NT. Ohne ihn gäbe es kein christliches Abendland. Paulus aber hieß vorher Saulus und war ein glühender Christenverfolger. Als aber Jesus ihm erschien und Saulus fragte, wer der sei, der ihm erschien, sagte die Stimme: »Ich bin Jesus, den du verfolgst.« Die Begebenheit ist in der Apostelgeschichte 9 nachzulesen.

Bemerkenswert ist ferner die Stelle im Brief an die Galater. Im Kapitel 10,17 heißt es: »Ich ging auch nicht nach Jerusalem hinauf zu denen, die schon vor mir Apostel waren. Nein, ich machte mich auf den Weg nach Arabien, und von Arabien kehrte ich nach Damaskus zurück. Erst dann – drei Jahre später – ging ich nach Jerusalem, um Petrus kennen zu lernen, und blieb zwei Wochen bei ihm.«

Lesen wir richtig? Paulus blieb drei Jahre in Arabien. Bis heute gelten die 3 Jahre als Ausbildungszeit für verschiedene handwerkliche Berufe. Paulus war der christliche Wortverkünder des Abendlandes. Ein weiteres Anliegen ist der Brief an Titus. Im Kapitel 1,10-16 heißt es:

Bekämpfung der Irrlehrer:

»Denn es gibt viele Ungehorsame, Schwätzer

und Schwindler, besonders unter denen, die aus dem Judentum kommen. Diese Menschen muss man zum Schweigen bringen, denn aus übler Gewinnsucht zerstören sie ganze Familien mit ihren falschen Lehren. Einer von ihnen hat als ihr eigener Prophet gesagt: Alle Kreter sind Lügner und faule Bäuche, gefährliche Tiere. Das ist ein wahres Wort. Darum weise sie streng zurecht, damit ihr Glaube wieder gesund wird, und sie sich nicht mehr an jüdische Fabeleien halten und an Gebote von Menschen, die sich von der Wahrheit abwenden. Für die Reinen ist alles rein; für die Unreinen und Ungläubigen aber ist nichts rein, sogar ihr Denken und ihr Gewissen sind unrein. Sie beteuern, Gott zu kennen, durch ihr Tun aber verleugnen sie ihn; es sind abscheuliche und unbelehrbare Menschen, die zu nichts Gutem taugen.« Paulus war gelehrter Jude und hat gegen das eigene Volk Einwände geltend gemacht.

• Semiten und Antisemiten:

Wie schon beschrieben, kommt Noahs Sohn Sem nicht nur in der abendländischn Geschichte große Bedeutung zu. Man spricht vom Semi-

tismus und geht über in den Antisemitismus.
Es wird sogar von der eigenen semitischen
Sprache gesprochen. Sem dürfte keine andere Sprache gesprochen haben als seine Brüder.
Die Entstehung von Semiten und der semitischen Sprache geht auf deutsche Gelehrte zurück. Sie machten aus Sem Semiten, und so
kommt es zum eigenen Volksstamm. Das wird
von Ham und Jafet in dieser Deutlichkeit nicht
gesagt. Normalerweise hätte die Ahnentafel
beim ältesten Sohn beginnen müssen. Es wurde ja schon gesagt, man wollte, dass Abraham
von Sem abstammt. Es kann aber keine direkte
Beziehung zwischen Sem und dem Semitismus
geben, es sei denn, man führt sie herbei. Wann
wurde der Begriff Antisemitismus das ersten
Mal erwähnt. Der deutsche Journalist Wilhelm
Marr hat 1879 ein Buch geschrieben: »Der Sieg
des Judentums über das Germanenthum«. Das
Wort wurde weltweit gegen das Judentum ver-
wendet.[Wik] Friedrich Wilhelm Adolph Marr
wurde am * 16 November 1819 in Magdeburg
geboren und starb †1904 in Hamburg. Er war
ein deutscher Journalist und schuf den Begriff
»Anarchismus«. 1879 gründete er die antisemi-

tisch politische Vereinigung des deutschen Kaiserreichs ein Buch: »Der Sieg des Judentums über das Germanenthum.« »Ab 1880 brach in Deutschland eine regelrechte antijüdische Kampagne aus. Ausgelöst wurde sie durch eine Rede des Hofpredigers Adolf Stöcker (Stoecker).«[Sch] Der Begriff »Antisemitismus« ist eine humane Bezeichnung für Judenhass und Judenfeindlichkeit. Sem ist lediglich der älteste Sohn Noahs. Die Weimarer Republik, 1919-1933, bildete den Anlass für das Dritte Reich. Das war die Grundlage für die Verfolgung der Juden nicht nur in Deutschland.

Ein Leckerbissen:

Der bekannte Autor Eduard König. schrieb unter anderem das kleine Heftchen «Ahahaver, der ewige Jude.» Eduard König erwähnt Ludwig Anacker, der Folgenes schrieb (hier nur Auszüge): «Kenner der Religiongeschichte wissen selbsverständlich, dass ihre Heimatlosigkeit aus der Periode datiert, wo maßgebende Vertreter ihres Volkes gegen Jesus geistiges Gottesreich opponierten.»

Die Verfolgung der Juden im NT, beruht auf

die Nichtannahme von Jesus Christus. Als man ihn nicht akzeptierte, wurden, sie in alle Winde zerstreut. Die Zerstreung ist eine Anerkennung der eigenen Schuld. Der Jude konnte sich selbst nicht leiden.

Als man damals in alle Winde zerstreut wurde, ist das eine Eigenart des jüdischen Volkes und Anerkennung der oben gemachten Aussagen. Das Judentum war bekannt für Zinsgeschäfte, Münzprägungen und dergleichen mehr. Seit der Karolingerzeit, herausgehobener Vertreter war Karl der Große, wurden die Juden wegen ihrer Geschäfte geschätzt. Im christlichen Abendland war zu dieser Zeit der Geldhandel nicht üblich. Die Juden hatten wegen dieser Geschäfte eine Monopolstellung inne. Warum man im Abendland heimisch wurde, ist bis heute ungeklärt. Heute versammeln sie sich in Synagogen. Von anderen, alten Aktivitäten hält man sich fern.

Ein italienisches Detail:

Als der sogenannte Jude nach Europa kam, wurde er wohlwollend bis neutral aufgenommen. Bald aber schlug die Stimmung ins Gegenteil um. Nach einem Erlebnis aus Triest (norditalienische Hafenstadt) geschah Folgendes: An einem Gründonnerstag 1475 verschwand ein etwa zweijähriger Junge, der den Namen Simon, trug. In der Nacht zu Ostersonntag entdeckten Bürger die Leiche des Knaben in einem Wassergraben, der an einem jüdischen Haus vorbeilief. Sofort wurden Stimmen laut, die Juden hätten das Kind umgebracht, um sich an seinem Blut zu berauschen. Der Bürgermeister ging noch weiter und mutmaßte sogar, dass mit dem vergossenen Blut ein Gegenkult zum Blut Christi geschaffen werden soll. Noch im selben Jahr erschienen zwölf Holzschnitte mit dem Titel: »Die Historie von Simon«. Erst 1965 wurde die Verehrung des »Beatus Simoninus« aufgehoben[Sch]. Das sind fast 500 Jahre später. Diese kleine Beispiel macht deutlich, wie die Stimmung umschlug.

In Spanien:

In Spanien hatten Juden mit den Arabern ein Einvernehmen. Sie nannten sich nicht mehr »A ben B«, sondern »A ibn B«. Der Jude passte sich an. Die Stadt Córdoba war das geistige und politische Zentrum des Judentums. Ein jüdischer Herr namens Chasdai ibn Schaprut wurde als erste Person »Hofjude« genannt. Er war für Zölle des Reichs zuständig. Andere hochgestellte jüdische Persönlichkeiten schufen die Münzprägung. Im Laufe der Jahre kann von einem christlich-jüdischen Zusammenleben gesprochen werden. Dann kam es, ab dem Jahr 1391, zu einer rapiden Verschlechterung der Lage. Als eine Ursache kann man den Religionsdisput von Barcelona annehmen. Ein weiterer Grund ist die Heirat zwischen Ferdinand von Aragon und Isabella von Kastilien (1469), die zur Einheit Spaniens führte. Die so zustande gekommene Einheit, folgte eine religiöse. Man sprach eine eigene Sprache – das Judenspanisch.

Dann begann die Inthronisation der »Reyes Católico«. Der in Spanien geborene Papst Alexander VI. schuf den Titel »Katholische Könige«, daher der Name »Reyes Católico«. Bald kam es zur Judenverfolgung. Synagogen wurden abgebrannt oder in Kirchen umgewandelt. Hundert Jahre später, zwischen den Jahren 1491-1492, mussten alle Juden auf Befehl des neuen spanischen Königs das Land verlassen. Dabei soll es eine breite Masse von Menschen jüdischen Glaubens gegeben haben, die in Spanien ihr Auskommen hatten.

Als schwarzer Tod (Yersinia pestis) wurde die Pest bezeichnet, die in Europa ihren Höhepunkt in den Jahren 1348 - 1351 hatte. Als eine Ursache wurde die ungünstige Sternkonstellation von Mars, Jupiter und Saturn angenommen. Eine andere Ursache war verseuchtes Wasser. Wieder eine andere Ursache galt das Öffnen von Fenster nach einer bestimmten Himmelsrichtungbestimmt. Zur Heilung der verschiedenen Pest-Erkrankungen galt der Aderlass. Wenn jemand an Beulenpest erkrankt war, wurde mit einer Spritze in die Beule hineingestochen, so dass Blut heraustrat. Die Juden wurden als ein Auslöser der Pest bezeichnet. Hier galt der Wucherzins als Ursache. Dass sie selbst an der Pest erkrankt waren, wollte man nicht wissen. Sogar der Ablasshandel nahm zu. Konstantinopel, das heutige Istanbul, galt als Rattenland Nummer 1 – das alleine wegen der mangelhaften Hygiene. Es dauerte bis zum 20. Juni 1894 als der bekannte Louis

Pasteur seinen Kollegen Alexandre Yersin nach China reiste. Dort entdeckte er den Erreger. So haben Mäuse, Ratten und andere Nagetiere die Pest ausgelöst.

Eine österreichische Akte:

Die eigentliche Geschichte der Hofjuden begann in Wien. Man schreibt das Jahr 1582. Kaiser des Heiligen Römischen Reiches war Rudolf II. (1576-1612). Er schuf die Institution der »hofbefreiten Juden«. Diese waren von Zoll- und Mautabgaben befreit. Sie waren für Waren und Handel ausschließlich dem Obersthofmarschall unterstellt. Außerdem waren sie befreit vom Tragen des Judenzeichens. Auf Betreiben Wallensteins erhielt Jakob Bassevi von Treuenberg diesen Adelstitel. Gemeinsam mit Wallenstein und einem anderen Fürsten hatten sie die Münzprägung gepachtet. Das war sozusagen die Lizenz zum Gelddrucken. Dann kam es um 1670 zu Unstimmigkeiten mit den Geldgeschäften. Es fehlten 500 000 Gulden in der Hofkammer.[3] Man sah sich nach einem anderen

---

[3]Umgerechnet könnte es sich dabei um 15 Kilogramm Gold gehandelt haben. Der Goldpreis war damals geringer als heute.

Finanzfachmann um. Dieser Mann war Samuel Oppenheimer. Im Jahre 1674 erhielt er den Titel »Kaiserlicher Kriegsfactor«. Er war Armeelieferant und Hofbankier in einer Person. Durch riskante Geschäfte während der Türkenkriege, die sich vor Wien zutrugen, musste er Waffen, Munition und Kleidung für die habsburgischen Geschäfte besorgen. Die Geschäfte gelangen, er bekam den Titel »Kayserlicher Paß ins Reich für Samuel Oppenheimer Juden und Factoren bey der kayserlichen Armada«.

Ein Detail aus Osteuropa:

Zwischen 1700-1760 gab es im osteuropäischen Judentum eine Entwicklung die Chassidismus genannt wurde. Als Gründerpersönlichkeit gilt »Israel ben Eliezer Ba'al schem tobh«. Wörtlich übersetzt heißt: »Herr des guten Namens«. Seine Bezeichnung als Ba'al schem tobh kann wohl nichts anderes besagen, als dass er magische Praktiken beherrschte. Bald nannte man Wilna das »Jerusalem Litauens«. Als eine Abart des Chassidismus gilt die Totenbeschwörung. Die jüdische Sprache wurde dem Umfeld angepasst. Man sprach vom Jiddischen und vom Jiddischland.

Der Höhepunkt:

Die Geschichte geht dem Höhepunkt entgegen. Man kann unmöglich die Verbrechen Adolf Hitlers und seine Helfer auch nur annähernd beschreiben, noch weniger gutheißen. Eine kurze Darstellung möge genügen. Adolf Hitler hatte kein Beruf. Er lebte von der Rente seines Vates, besuchte verschiedene Obdachlosenasyle. Er konnte keinen Beruf ergreifen; es fehlte ihm an entsprechender Bildung. Als er von Linz nach München reiste, fing er an, sich selbst zu schauspielern,

Die traumatische Veränderung der Lage folgt. Ein gewisser Andreas Eisenmenger schrieb das Buch »Entdecktes Judentum«. Das Buch ließ zwar der österreichische Kaiser Leopold I. auf Gesuch der »allertuntertänigste Supplication und Bitten« der beiden Juden Oppenheimer und Wertheim verbieten, aber der Preußenkönig Friedrich der I. ließ das Buch im Jahr 1741 (50 Jahre später) und das mit einer Erstauflage von 1700 Stück drucken und veröffentlichen. Das Buch hatte den Untertitel: »Gründlicher und Wahrhaffter Bericht, welcher Gestalt die verstockten Juden die Hochheilige Dreyeinigkeit, Gott Vater, Sohn und Heiliger Geist in erschrecklicher Weise lästern und verunehren [...] und die ganze Christenheit auf das Äußerste verachten und verfluchen.«

Wieder rund 100 Jahre später, man schrieb das Jahr 1871, verfasste August Rohling das Buch »Der Talmudjude«. Alleine dieser Titel zeigt, woher der Wind weht. Der Jude suchte nach Heimat und lebte in der Ferne. Welche Gründe vorgelegen haben, warum Juden zunächst wohlwollend aufgenommen wurden und dann verfolgt wurden, liegen verschiedene Gründe vor.

Adolf Hitler war der Anlass, dass die Juden zum eigenen Staat wurden. Er hat seine Heimat gefunden, wenn er auch mit seinen Nachbarn in Unfrieden (Palästinenser) lebt.

Gründung des Staates Israel:

Die Juden kehrten in das ehemalige Land Kanaan zurück. Das Land hieß jetzt Palästina. Am 14. Mai 1948 wurde der Staat Israel ausgerufen. Vorausgegangen war die sogenannte

Balfourdeklaration. Der damalige britische Außenminister Lord Arthur James Balfour – die Briten waren die damalige Kolonialmacht im Nahen Osten – schrieb am 2. November 1917 einen Brief an Baron Edward Rothschild. Dieser war ein prominentes Mitglied der jüdischen Gemeinde in Großbritannien. Der Brief hatte folgenden Inhalt: »Die Regierung Ihrer Majestät betrachtet mit Wohlwollen die Errichtung einer nationalen Heimstätte für das jüdische Volk in Palästina.« Er fügte noch hinzu, dass sie ihr Bestes tun werde, um das Erreichen dieses Zieles zu erleichtern.

Als am 29.November 1947 die Mitglieder der gerade gegründeten Vereinten Nationen zusammenkamen, fassten sie mit der Resolution 181 einen bahnbrechenden Beschluss. Mit 33 Ja- zu 13 Nein-Stimmen bei 10 Enthaltungen schlugen sie die Teilung des britischen Mandatsgebietes Palästina in einen jüdischen und einen arabisch-palästinensischen Staat vor. Während Israel seinen eigenen Staat bald ausrief, warteten und warten die Palästinenser noch immer darauf. Ob Yassir Arafat viele Möglichkeiten gehabt hat, einen eigenen Staat auszurufen, kann man hier nicht beurteilt werden. Liest man aber Bücher, die wohlwollend Arafat darstellen, bekommt man eine andere Sicht der Dinge. Jeder hat auf seine Weise recht. Ein Friedensvertrag zwischen beiden Völkern kann trotz allem nicht erwartet werden. Der heutige Staat Israel ist auf dem Boden Palästinas entstanden.[4] So ist dieser kleine Landstrich am Rande der Weltgeschichte bis heute einer der umkämpften Brennpunkte internationaler Politik. Es hat seit 1947 bis 2006 verschiedene Kriege und Konflikte gegeben.

Die Ausrottung des Judentums ist in Europa vorbei. Dafür aber gingen Krisen und Krisenherde im Nahen Osten weiter. So wie das Judentum in Europa zunächst positiv aufgenommen wurde, wendete sich das Blatt. Die Ursache dürfte im Anderssein des Judentums liegen. Nach Jahren und Jahrzehnten kam es zu neuen Konflikten. Wer einmal in Jerusalem war und hatte sich die Klagemauer angeschaut, der weiß, wie es dort zugeht. Dort prägen strenge Juden mit ihren schwarzen Hüten und Schlä-

---

[4]Der Pharao Ramses III. spricht vom »Bote nach Kanaan im Lande Palastu.«

fenlocken, Kippa (Kappe) und Gebetsriemen das Stadtbild. Der Staat Israel und das Judentum lassen sich nicht voneinander trennen.

So bricht ein alter Konflikt neu aus. Die vielen Politiker, die bis heute den Nahen Osten bereisten, um die feindlichen Regierungen an einen Tisch zu bringen, blieben erfolglos. Die deutschen und europäischen Politiker finden und fanden kein Gehör. So bleiben Kriege und Konflikte ungelöst.

KAPITEL 25

LITERATURVERZEICHNIS

[DR]   Stefan Drüeke und Arend Remmers. »Die Bibel - ihre Überlieferung. Musem für Bibelgeschichte, Wuppertal«. In: Christliche Schriftenverbreitung, Hückeswagen, S. 14–15.

[FS02]   Israel Finkelstein und Neil Silbermann. *Keine Posaunen vor Jericho*. C.H.Beck, 2002. ISBN: 3-406-49321-1.

[Ger]   Christian Gerritzen. Lexikon der Bibel. Komet. ISBN: 3-8983-6356-2.

[Kab]   Kaballah. URL: http://www.kabbalah.net.

[Läp81] Adolf Läpple. *Die Bibel. Für Christen unserer Zeit*. Delphin, 1981. ISBN: 3-7735-5079-0.

[MK]   Günter Melzer und Gunter Kraus. *Zitate Online*. URL: http://www.zitate-online.de.

[RM]   Fritz Rienecker und Gerhard Maier. *Lexikon zur Bibel*. Brockhaus Verlag. ISBN: 3-417-24678-4.

[Sch] Kurt Schubert. *Jüdische Geschichte*. C.H.Beck-Wissen. ISBN: 3-406-44918-5.

[Wik] Wikipedia. *Online Lexikon*. URL: http://www.wikipedia.de.

TABELLENVERZEICHNIS

SACHVERZEICHNIS

BIBELSTELLENVERZEICHNIS